# Razón de amor
## (Poesías completas, 3)

Pedro Salinas

# Razón de amor
# (Poesías completas, 3)

Prólogo de Soledad Salinas de Marichal

ALIANZA EDITORIAL

Primera edición: 1989
Cuarta edición: 2025

Ilustración y diseño de cubierta: Alicia Caboblanco / www.aliciacaboblanco.com

PAPEL DE FIBRA
CERTIFICADA

© Herederos de Pedro Salinas
© Alianza Editorial, S. A., Madrid, 1989, 2025
Calle Valentín Beato, 21
28037 Madrid
www.alianzaeditorial.es
ISBN: 978-84-1148-886-0
Depósito legal: M. 24.558-2024
Printed in Spain

SI QUIERE RECIBIR INFORMACIÓN PERIÓDICA SOBRE LAS NOVEDADES DE
ALIANZA EDITORIAL, ENVÍE UN CORREO ELECTRÓNICO A LA DIRECCIÓN:
alianzaeditorial@anaya.es

# Índice

Dos

# Prólogo

El amor busca con furia a través del amado algo que está allende éste, y como no lo halla, se desespera.

Miguel de Unamuno,
*El sentimiento trágico de la vida* (cap. VII)

Entre los años 1933 (publicación de *La voz a ti debida*) y 1936 (publicación de *Razón de amor*), Pedro Salinas despliega una actividad vertiginosa. Sigue dando clases en la Universidad Central y trabajando en el Centro de Estudios Históricos. Aumenta su producción en prosa, casi toda ella de crítica literaria. Da conferencias por España y otros países europeos. Y amplía su campo de trabajo con la creación de la Universidad Internacional de Verano en Santander. Por si fuera poco, encuentra una nueva vocación: la del teatro. En la primavera de 1936 hace una lectura ante un grupo de amigos de su obra dramática *El director*. Su representación se planeaba por el otoño de 1936. La guerra civil le sorprendió en la Universidad de Santander. Tras la evacuación de estudiantes y profesores, Salinas salió para Estados Unidos, donde había concertado pasar un año como profesor visitante. No le fue dado volver a su patria, de modo que *Razón de amor* fue su último libro de poesía publicado en España en vida suya.

Los dos grandes libros amorosos de Pedro Salinas, *La voz a ti debida* y *Razón de amor*, tienen títulos literarios. El primero se inspira en un verso de Garcilaso; el segundo está tomado de un poema anónimo de principios del siglo XIII, que describe el encuentro de dos enamorados (ella blanca y bermeja) en un huerto florido, a modo de fondo de tapiz. De ese breve poema Salinas se limita a tomar el título.

En su *Razón de amor* continúa el tema de la separación de los amantes iniciado al final de *La voz a ti debida*. Pero ahora, salvo por breves momentos, el poeta está solo y medita o sueña con la amada ausente. Se diría un diario íntimo, y también una poesía de conjuros, dirigida a recordar, pero también recobrar el amor perdido, para devolverlo a la realidad presente. *Razón de amor* está dividido en dos partes: la primera, que consta de 43 poemas sin título (que, como *La voz a ti debida,* fluyen como un solo poema), y ocho poemas finales, con título.

El primer poema rezuma de alegría luminosa, rara en este libro. Los amantes se han embarcado en una aventura que repite la del «Romance del Conde Arnaldos». En ella se anima gozosamente el mundo que les rodea (p. 29):

> las aves de por el aire,
> las olas de por el mar

pero no bajo el encanto de la canción del marinero. Lo que mueve mágicamente al mundo volátil y marino es la fuerza con que se quieren los amantes. Éstos, «beso a beso», dan vida, no a seres vivos, sino a algo mucho más sorprendente: al nuevo día. Y así ellos, tras la noche de amor, al levantarse (p. 30),

echan a andar por su obra,
que parece un día más.

Pero desde el tercer poema en adelante, la voz del poeta cobra un nuevo tono, que será característico de este libro y corresponde a una nueva situación vital: ahora los amantes están separados. Vamos a ver cómo el poeta buscará tenaz, desesperadamente, el camino que le acerque a su amada, cómo intenta despertar su amor, posiblemente apagado. No se nos dice mucho sobre la situación presente de ella. Lo que está claro es que el poeta ha perdido su seguridad inicial (p. 35):

Torpemente el amor busca

dice, dando un brusco giro a la alegría con que se inicia este libro. El movimiento ascensional que en el primer poema le lleva a ver «trasluces de paraíso» ahora, con el peso del desánimo, le empuja hacia abajo, de modo que el autor (p. 36)

está como masa oscura,
en el fondo de su mar,

donde no permanece mucho tiempo. Aparecen entonces dos motivos muy salinianos: el ansia de salvación y el sentimiento de pecado. A la pareja la salvará Ella (p. 33),

¡Pastora de milagros!

que le llevará al cielo de la mano. Aquí la amada asume el papel de la Divina Pastora. Pero de pronto surgen estos versos (p. 34):

Y yo sé que quererte
es convertir los días,
las horas, en peligros,
en llamas.

¿En qué quedamos? Como en *La voz a ti debida*, no está claro hacia dónde le llevará la amada. Lo que sí está clarísimo es la rendida pasión del poeta; y la potencia creadora de su amor.

Salinas es un poeta alegre, ascensional. Por eso, la mayoría de sus poemas elegíacos suelen encontrar, al final, una salida hacia lo alto (p. 55):

Si alguna vez me miras
como preso encerrado,
[...] piensa en las torres altas.

En *Razón de amor* el amor busca, tantea, desorientado (p. 35):

se tropieza con el cielo,
con un papel, o con nada.

Pero el poeta buscará nuevas soluciones al presente desasosiego. Hay un poema en que el sueño está a punto de traerle la forma de la amada. Y ahora entramos en uno de esos razonamientos que confirman la validez del título *Razón de amor;* la forma evocada por el sueño no es real (p. 37):

porque un sueño sólo es sueño
verdadero
cuando en materia mortal
se desensueña y se encarna.

Estamos ahora en el mundo de la dialéctica de Calderón y de los bultos femeninos, tentadores e irreales, de su teatro.

El tema del tiempo, tan característico de la época barroca, entra de lleno en *Razón de amor*. Para cambiar su signo al tiempo que ahora le cierra las puertas hacia el futuro, vuelve la mirada hacia un feliz pasado vivido, en poemas como el que empieza: «Antes venías por el aire, por el agua», recuerdo de un alegre día en que veía a su amada correr por la arena de la playa. Ahora el poeta sólo recuerda de Ella la huella marcada por sus pies, en ese día lejano. Y su futuro (p. 39)

tiene la forma exacta de una huella.

Es decir, que un momento del tiempo infinito (que es arena) puede convertirse, para los amantes, en la vida entera. Por eso, no hay ya divisiones del tiempo, y el poeta puede afirmar (p. 46):

Hoy, mañana, junto al nunca,

y la situación de ausencia, en el poema, puede volverse presencia.

En juego de trueques temporales también, el dolor de la despedida (p. 30):

¿Serás, amor,
un largo adiós que no se acaba?

cambia de sentido al descubrir el poeta que la cima del amor está en la resistencia a separarse, y, por tanto, el estar juntos consistirá, precisamente, en una larga despedida. (El tema de la despedida amorosa aparece ya en su tercer libro, *Seguro azar*, tratado allí irónicamente.)

Pero hay momentos en que el poeta no puede sino recordar el dulce pasado perdido. Ahora abundan las preguntas (p. 42):

> ¿Acompañan las almas? ¿Se las siente?

Este poema consiste en una larga serie de preguntas. Sin respuesta quedan las dirigidas a la amada (p. 48):

> Di, ¿no te acuerdas nunca,
> [...] del color de sus trajes?

Estas preguntas, que son un intento de acercamiento, desembocan en imágenes mucho más concretas que las del libro anterior, cuya rauda Venus radiante se ha convertido en la nueva Venus doméstica, elegíaca, rodeada de objetos caseros, familiares (pp. 42-43):

> ¿O estás sola, sin otra compañía
> que mirar muy despacio, con los ojos
> arrasados en llanto, estampas viejas
> de modas anticuadas...

En *La voz a ti debida,* Ella es la que «vive en sus actos», descrita en ellos, borradas todas las señas de identidad. Se diría que ahora la ausencia lleva al poeta a una recreación del ser amado un poco más específica (p. 57):

> —ojos, gracias, bondad, esbelta pierna,
> color de los cabellos, voz, bravura—

pero un poco nada más. Evidentemente, no son éstos datos de pasaporte; pero algo más cercana se nos presenta cuando Ella, en abril, le manda una «vaga y difusa violeta» (p. 80) o llora (p. 83)

> Una lágrima en mayo.
> Día treinta, una lágrima.

A veces Ella parece negarle algo, no sabemos qué. O al menos se diría que la negación viene de Ella. Porque el poeta, siempre enemigo de descubrir su intimidad, no dice «ella niega», sino «un no niega» (p. 45). Todo queda envuelto en la vaguedad que le dicta el pudor. Y mantiene su nombre en el silencio, como parte que es (p. 81)

> del gran querer callado, mar total

y, sin embargo, el ansia amorosa se expresa abiertamente (p. 68):

> Todo es labios, los míos o los tuyos.

Hay, en este libro de separación, algunas referencias a momentos, que parecen recientes, de reunión. «Apenas te has marchado» (p. 71) dice en un poema. Y en otro: «la dicha de esta tarde» (p. 76). El poema cuyo primer verso es «Aquí», quizá más que ninguno, es la expresión fresca, directa, de un encuentro amoroso (p. 52).

> Aquí
> en esta orilla blanca
> del lecho donde duermes
> estoy al borde mismo
> de tu sueño...

En la respiración de ella, dormida, encuentra el poeta «el soplo alterno, leve», «de tu vivir soñando». Un ritmo fisiológico, vital. El poeta pisa el terreno firme de un «aquí» recién vivido.

Pero en *Razón de amor* impera la ausencia, aunque el poeta intente borrarla por todos los medios. La evocación será uno de los más efectivos. Para evocar a la amada, no sirve la luz (p. 97)

> ansiosa
> de clavarnos, de hundirnos, evidencias

porque de día, «la distancia es distancia» (p. 71), mientras que en la noche, las evidencias de la luz se tornan posibilidades, se siente «que con decir un nombre» surgiría la felicidad. Por eso, «la luz separa» (p. 71), y cuando viene el día, se despierta de la «felicidad oscura» (p. 97). Porque (p. 98)

> el techo oscuro es nuestro cielo claro.

Al llegar la noche, esa masa sólida de oscuridad convierte su ansia en algo muy próximo a una presencia. Y se asombra al ver (p. 80)

> que el brazo que te tiendo no te estrecha,
> de que aún te obstines
> en no mostrarte entera
> tan cerca como estás, detrás de todo.

Como bien dice el refrán, de noche, todos los gatos son pardos; el milagro está a punto de realizarse, en brazos de la noche. La amada *casi* llega a él; y la siente a su lado, por un momento, viva, palpitante. El poema preferido de Salinas parece haber sido el «Cántico espiritual» de san Juan de la Cruz (Pedro Salinas, *Cartas de amor a Margarita, 1912-1915*, núm. XXV, Madrid, Alianza Editorial, 1984, pp. 94-96). No sería arbitrario decir que el amor en la noche de *Razón de amor* procede en gran parte de la «Noche oscura» de san Juan, en la que el alma sale «en ansias inflamada».

A la noche se une en este libro el agua, que, como elemento maleable, allana las distancias y lo aúna todo. Los «besos, auroras, mañanas» que se les niegan a los amantes en la tierra se los ofrece en el río, que canta (p. 68):

Todo es posible en el agua.

La amada, tan vertiginosamente activa en *La voz a ti debida*, ha pasado a ser en *Razón de amor* algo así como una nueva Bella Durmiente. Mientras, Él despliega una actividad sin tregua para recobrar su amor y su presencia viva. Pero en el poema que empieza «Nadadora de noche», cambian los papeles, y Ella sale de su inactividad, lanzándose al mar para ir a reunirse, en la otra orilla, con Él. Avanza trabajosamente, valientemente (p. 75),

contra la doble resistencia sorda
de oscuridad y mar, de mundo oscuro.

Su fin será, una vez traspasados el mar y la noche, es decir, de lograr su propósito, morir agotada en la playa del día, que amanece. De todas las evocaciones de la amada, ésta, con su rítmico bracear en un fondo marino y nocturno, es la más poderosa y la más trágica, la que más se acerca a lo que él llama «tu inventada figura» (p. 96).

Pero en este libro no abunda la tragedia. La sosegada voz de Garcilaso aparece y desaparece a lo largo de sus versos. Y con ella, todo el paisaje garcilasiano que sirve de vivo marco a su elegía. Así ocurre en el poema que empieza (p. 54)

Pensar en ti esta noche

en que piensa con él «el ancho mundo» todo, «de Aldebarán al grillo». La identificación con Garcilaso es tal, que se podrían confundir algunos versos de Salinas con los del poeta renacentista:

¡Qué sosegadamente
se hacía la concordia
entre las piedras, los luceros,
el agua muda, la arboleda trémula,
todo lo inanimado,
y el alma mía

toda esta concordia y confluencia concurre a oír (p. 54)

al cántico hacia ti que en mí cantaba.

En este marco de naturaleza renacentista (recordemos a las ovejas de Garcilaso «de pacer olvidadas escuchando» su canto) se puede imaginar al enamorado Salinas como otro pastor más, amigo de Salicio y Nemoroso.

La idealización de la amante aumenta al final de la primera parte de este libro. Tanta es, que su figura se vuelve «traslúcida» (p. 53), se esquiva tras la lluvia o la luz. No es presencia la suya, sino «traspresencia» (p. 80), es decir, presencia situada más allá, detrás. Aquí, el cuerpo se esfuma, más allá de la carne (p. 97):

Arribo a nuestra carne trascorpórea,
al cuerpo, ya, del alma

y ahora el poeta imagina un encuentro que les lleva a
«transvivirse» (p. 103)

en beso o hueso,

beso descarnado que bien podría cuadrar al «hombre de
carne y hueso» de Unamuno.

En *Razón de amor* la palabra se despoja de todo acom-
pañamiento, se queda sola en el verso (p. 94):

un cuerpo, un cuerpo, un cuerpo

y se singulariza más aún al remacharla el poeta con el mar-
tillo de la repetición. Uno de los poemas más característi-
cos de *Razón de amor* tiene por andamiaje el verbo *querer,*
que aquí, como en Unamuno, significa doblemente «amar»
y «tener voluntad de hacer». Su tesis (p. 46):

Lo que queremos nos quiere
aunque no quiera quererernos,

presentada así en los dos primeros versos, fluye en ara-
bescos que van del querer de Él al no querer de Ella. Y a
fuerza de ser repetido el verbo «querer», en sus distintas
formas verbales, triunfa; nos convence la tesis del poeta.
Salinas llama a su amante «voluntaria a vivir» (p. 57); y
los dos, juntos o por separado, pueden cambiar al mun-
do con su amor. Cuando no hay respuesta al amor, éste
se vuelve «a su entraña» a trabajar, con la fe de sacar de
sí mismo lo que ansía (p. 37). Y el poeta hasta llega a
declarar que «siempre se nace de quererlo» (p. 94).

No es arbitrario afirmar que la primera parte de *Razón de amor* refleja un mundo mucho más pasivo en cuanto a la acción propia, y activo en sueños de la imaginación, que sus libros anteriores. La amante de *La voz a ti debida* se mueve también en un mundo imaginado, aunque con apoyos en la realidad. Es la misma que la del libro que nos ocupa. Pero en *La voz a ti debida* es vertiginosamente, avasalladoramente activa, y alegremente triunfadora. Mientras que en *Razón de amor* es Él quien intenta llevar a cabo, poema a poema, lo que llama (p. 86)

el gran proyecto del alma

que consiste en labrar «el gran amor de nosotros» (p. 85). Ella, lejana y muda, apenas da alguna vaga señal de su existencia. Pero he aquí que este mundo encantado despierta violentamente en la segunda parte de este libro. En los ocho poemas de que consta, diferenciados por el título y contenido, Salinas vuelve atrás, y recobra el ímpetu de *La voz a ti debida*. Conviene examinar brevemente estos ocho poemas, uno por uno. El primero, «Salvación por el cuerpo» (cuyo título rompe con la tradicional salvación por el alma), afirma jubilosamente los derechos del cuerpo (pp. 96-97):

La vida salta, al fin, sobre su carne,
por un gran soplo corporal henchidas
las nuevas velas:

En este afán de cuerpo, se acerca al erotismo de Rubén Darío. El cuerpo sigue muy presente en «Despertar», una alborada prolongada. En los tres poemas siguientes los amantes toman conciencia del dolor, la desgracia, el pecado, que se ensañan en los cuerpos jóvenes. «Destino alegre» es el de los dos seres que, al quererse, se hacen responsables de la felicidad o la desgracia del mundo. Y en «Verdad de dos» domina la conciencia del pecado que es vivir en este mundo (p. 108),

verdad paradisíaca, agraz manzana,

y llegamos al apocalíptico poema «Fin del mundo», en que los amantes por espacios interplanetarios luchan por destruir al mundo que impide su liberación; que se llama (p. 111)

terremoto, huracán, felicidad,
devastación, arrolladora fuerza,

esa «felicidad desmelenada» que apareció en *La voz a ti debida*. Con un solo monosílabo: «Sí», triunfan los amantes. Aun si su liberación les lleva a la muerte. «Suicidio hacia arriba» muestra a la pareja despojada de ropas y de nombre, flotando en alta mar, contenta de

Hundirse muy despacio.

Porque

El paraíso está debajo

de la vida y el mar, y van a buscarlo, sumergiéndose (p. 115)

suicidas alegres hacia arriba.

Su sumersión total, y muerte, será el camino de su salvación; suicidio alegre, dice el poeta, porque apunta a una ascensión al paraíso. Es decir, destino alegre (sólo realizable después de la muerte).

«La felicidad inminente» del poema final consiste en la muy próxima llegada de Ella, la remotísima, «tan vaga e indecisa antes», que ahora toma la iniciativa y viene a Él (p. 115)

a una velocidad de luz de estrella.

Es la felicidad y es el terror; y él ha de acostumbrarse a su «caricia indómita», a «su rostro tan duro», a «sus cabellos desmelenados»; y a la «quemante lumbre» y la destrucción que también acompañan al amor en la poesía de Vicente Aleixandre. Porque Ella (pp. 117-118)

viene a luchar su lucha en mí.
[...] Lucha entre darse y no, partida el alma;

enemiga de la carne «que viene a buscar». Y al desgarrarse Ella, brota la sangre de él, por sus heridas. De principio a fin del poema, él tiembla. Y ella, ser inmortal, lejana y dura, sin labios, que sólo puede dar un instante de amor, se asemeja, más que a un ser humano, a la Quimera, la estatua mutilada que canta Luis Cernuda (en el libro titulado *Desolación de la Quimera*). Y Salinas parece llegar a la misma conclusión que Cernuda, que ve el amor como algo repentino y fugaz, entre tormentos.

¿Sería ésta la conclusión del libro *Razón de amor*? Al recorrer sus páginas vemos que, en ellas, el amor de Salinas es constante; busca sin tregua maneras de vencer lejanías. Hasta llegar a la segunda parte del libro, que es una explosión final, un grito resultante quizá del cansancio de escribir poema tras poema, día tras día, a la amada ausente. Pero la evidencia de que el cansancio es momentáneo será el próximo libro, *Largo lamento*, en que seguirá, desde otras tierras, cantando a la amada.

En este libro de ausencia, lo que exige al amor el poeta es presencia, corporeidad: lo que él llama la «salvación por el cuerpo». Ya en *Presagios* (1924) había planteado el dilema:

> felicidad, alma sin cuerpo

y ahora declara (p. 93):

> Todo quiere ser cuerpo.

El ansia de cuerpo se debe a que en *Razón de amor* éste brilla por su ausencia (p. 47):

> Y aunque no nos dé su cuerpo,
> la amada, ni su presencia,

y de esa ausencia le nace, al final del libro, un ansia insaciable de corporeidad.

Pero en la poesía de Salinas el cuerpo nunca deja de tener un alma. Sólo que se trata aquí de un alma «corporal», por decirlo así, unida al cuerpo. Como Unamuno en su obra, Salinas confunde y funde carne y espíritu. Juntas en su propósito (p. 32),

> las manos, y las bocas y las almas

buscan la salvación. El alma cobra cuerpo cuando se dice que está (p. 53)

> doblada sobre ti

y los amantes se prometen los siempres (p. 78)

con almas y con bocas.

A la unión amorosa de los cuerpos acompaña la unión de cuerpo y alma: «almas con bocas», «bocas con almas», y hasta hay almas con cuerpos (p. 97):

Arribo a nuestra carne trascorpórea,
al cuerpo, ya, del alma.

Podríamos decir, con palabras de Unamuno, que en *Razón de amor* «sentimos todo lo que de carne tiene el espíritu» (Miguel de Unamuno, *El sentimiento trágico de la vida,* inicio del capítulo 7).

Y para terminar, citaremos un juicio de Luis Cernuda, discípulo de Salinas en Sevilla, que se refiere al primer libro de su entonces maestro:

«En Salinas tiene la poesía uno de sus más apasionados amantes; esa pasión concentrada, esa espera trémula y rendida del amante, es la actitud poética de Pedro Salinas». *(Revista de Occidente,* tomo XXV, Madrid, 1929, pp. 551-553.)

Estas palabras de Cernuda sobre la poesía temprana de Salinas se aplican aún mejor a su libro de madurez, *Razón de amor,* y nos llevan a descubrir en su autor una línea de continuidad insospechada.

Soledad Salinas de Marichal

# Razón de amor
## (1936)

Uno

YA está la ventana abierta.
Tenía que ser así
el día.
Azul el cielo, sí, azul
indudable, como anoche
le iban queriendo tus besos.
Henchida la luz de viento
y tensa igual que una vela
que lleva el día, velero,
por los mundos a su fin;
porque anoche tú quisiste
que tú y yo nos embarcáramos
en un alba que llegaba.
Tenía que ser así.
Y todo,
las aves de por el aire,
las olas de por el mar,
gozosamente animado:
con el ánima
misma que estaba latiendo
en las olas y los vuelos
nocturnos del abrazar.
Si los cielos iluminan
trasluces de paraíso,
islas de color de edén,
es que en las horas sin luz,

sin suelo, hemos anhelado
la tierra más inocente
y jardín para los dos.
Y el mundo es hoy como es hoy
porque lo querías tú,
porque anoche lo quisimos.

Un día
es el gran rastro de luz
que deja el amor detrás
cuando cruza por la noche,
sin él eterna, del mundo.
Es lo que quieren dos seres
si se quieren hacia un alba.
Porque un día nunca sale
de almanaques ni horizontes:
es la hechura sonrosada,
la forma viva del ansia
de dos almas en amor,
que entre abrazos, a lo largo
de la noche, beso a beso,
se buscan su claridad.
Al encontrarla amanece,
ya no es suya, ya es del mundo.
Y sin saber lo que hicieron,
los amantes
echan a andar por su obra,
que parece un día más.

∽

¿SERÁS, amor,
un largo adiós que no se acaba?
Vivir, desde el principio, es separarse.

En el primer encuentro
con la luz, con los labios,
el corazón percibe la congoja
de tener que estar ciego y sólo un día.
Amor es el retraso milagroso
de su término mismo:
es prolongar el hecho mágico,
de que uno y uno sean dos, en contra
de la primer condena de la vida.
Con los besos,
con la pena y el pecho se conquistan,
en afanosas lides, entre gozos
parecidos a juegos,
días, tierras, espacios fabulosos,
a la gran disyunción que está esperando,
hermana de la muerte o muerte misma.
Cada beso perfecto aparta el tiempo,
le echa hacia atrás, ensancha el mundo breve
donde puede besarse todavía.
Ni en el llegar, ni en el hallazgo
tiene el amor su cima:
es en la resistencia a separarse
en donde se le siente,
desnudo, altísimo, temblando.
Y la separación no es el momento
cuando brazos, o voces,
se despiden con señas materiales.
Es de antes, de después.
Si se estrechan las manos, si se abraza,
nunca es para apartarse,
es porque el alma ciegamente siente
que la forma posible de estar juntos
es una despedida larga, clara.
Y que lo más seguro es el adiós.

¿En dónde está la salvación? ¿Lo sabes?
¿Vuela, corre, descansa, es árbol, nube?
¿Se la coge a puñados, como al mar,
o cae sobre nosotros en el sueño
sin despertar ya más, igual que muerte?
¿Nos salvaremos?
Suelta, escapada va,
sin que se sepa dónde, si pisando
los cielos que miramos,
o bajo el techo que es la tierra nuestra,
inasequible, incierta eterna,
jugando con nosotros
a será o no será.
Mas lo que sí sabemos es que todo,
las manos, y las bocas y las almas,
ávidas y afiladas,
persiguiéndola están, siempre al acecho
de su paso en la alta madrugada,
por si cruzase por las soledades
o por el beso con que se las quiebra.
Que unas alas
invisibles golpean
las paredes del día y de la noche,
animadas, cerniéndose,
volando a ras de tierra, y son las alas
del gran afán de salvación constante
de cuyo no cesar se está viviendo:
el ansia de salvarme, de salvarte,
de salvarnos los dos, ilusionados
de estar salvando al mismo que nos salva.
Y aunque su hecho mismo se nos niegue
—el arribo a las costas celestiales,

paraíso sin lugar, isla sin mapa,
¿En dónde está la salvación? ¿Lo sabes?
donde viven felices los salvados–,
nos llenará la vida
este puro volar sin hora quieta,
este vivir buscándola:
y es ya la salvación querer salvarnos.

∞

¡PASTORA de milagros!
¿Lo sobrenatural
nació quizá contigo?
Tu vida
maneja los prodigios
tan tuyamente como
el color de tus ojos,
o tu voz, o tu risa.
Y lo maravilloso
parece
tu costumbre, el quehacer
fácil de cada día.
Las sorpresas del mundo,
lanzadas desde lejos
sobre ti, como olas,
en mansa espuma blanca
a los pies se te quiebran,
dóciles, esperadas.
Lo imprevisto se quita,
al verte, su antifaz
de noche o de misterio,
se rinde:
tú ya lo conocías.
Andando de tu mano,

¡qué fáciles las cimas!
Alto se está contigo,
tú me elevas, sin nada,
tan sólo con vivir
y dejar que te viva.
Tus pasos más sencillos
en ascensión acaban.
Y en altura se vive
sin sentir la fatiga
de haber subido. Tú
le quitas
al trabajo, al afán,
su gran color de pena.
Y en descensos alegres,
se sube, si tú guías,
la inmensa
cuesta arriba del mundo.
Cuando tu ser en proa,
—velocísimo viento—
atraviesa la vida,
se les caen a las ramas
de lo que deseamos
los esfuerzos que cuestan,
el precio de la dicha,
como las hojas secas,
y te alfombran el paso.
Y yo sé que quererte
es convertir los días,
las horas, en peligros,
en llamas. Pero a todo
se sonríe por ti.
Porque vas sorteando
nuestra vida entre azares
ardientes, entre muertes,

tan inocentemente,
tan fuera del pecado,
que nos parece un juego
con las cosas más puras.
Tan sencilla queriéndome,
que a veces se me olvida
que vivo de milagro
el amor fabuloso
que al cargar sobre ti
ingrávido se torna.
Y como lo redimes
de sangre, o de tormento,
por fuerza de tu pecho,
con corazón de magia,
se siente la ilusión
de que nada nos cuesta
nada.
Que el hecho más sencillo,
el primero y el último
del mundo, fue querernos.

∞

TORPEMENTE el amor busca.
Vive en mí como una oscura
fuerza entrañada. No tiene
ojos que le satisfagan
su ansia de ver. Los espera.
Tantea a un lado y a otro:
se tropieza con el cielo,
con un papel, o con nada.
Ni aire ni tierra ni agua
le sirven para salir
desde su mina a la vida,

porque él ni vuela ni anda.
Sólo quiere, quiere, quiere,
y querer no es caminar,
ni volar, con pies, con alas
de otros seres. El amor
sólo va hacia su destino
con las alas y los pies
que de su entraña le nazcan
cada día, que jamás
tocaron la tierra, el aire,
y que no se usaron nunca
en más vuelos ni jornadas
que los de su oficio virgen.
Y así mientras no le salgan,
fuerzas de pluma en los hombros,
nuevas plantas,
está como masa oscura,
en el fondo de su mar,
esperando que le lleguen
formas de vida a su ansia.
Se acerca el mundo y le ofrece
salidas, salidas vagas:
una rosa, no le sirve.
El amor no es una rosa.
Un día azul: el amor
no es tampoco una mañana.
Le brinda sombras, espectros,
que no se pueden asir,
llenos de incorpóreas gracias;
pero un querer, aunque venga
de las sombras,
es siempre lo que se abraza.
Y por fin le trae un sueño,
un sueño tan parecido

que se siente todo trémulo
de inminencia, al borde ya
de la forma que esperaba.

Que esperaba y que no es:
porque un sueño sólo es sueño
verdadero
cuando en materia mortal
se desensueña y se encarna.
Y allá se vuelve el amor
a su entraña,
a trabajar sin cesar
con la fe de que de él salga
su mismo salir, la ansiada
forma de vivirse, esa
que no se puede encontrar
sino a fuerza
de esperar desesperado:
a fuerza de tanto amarla.

∞

ESTABAS, pero no se te veía
aquí en la luz terrestre, en nuestra luz
de todos.
Tu realidad vivía entre nosotros
indiscernible y cierta
como la flor, el monte, el mar,
cuando a la noche
son un puro sentir, casi invisible.
El mediodía terrenal,
esa luz suficiente
para leer los destinos y los números
nunca pudo explicarte.

Tan sólo desde ti venir podía
tu aclaración total. Te iban buscando
por tardes grises, por mañanas claras,
por luz de luna o sol, sin encontrar.
Es
que a ti sólo se llega por tu luz.
Y así cuando te ardiste en otra vida,
en ese llamear tu luz nació,
la cegadora luz que te rodea
cuando mis ojos son los que te miran
—esa que tú me diste para verte
para saber quién éramos tú y yo:
la luz de dos.
De dos, porque mis ojos son los únicos
que saben ver con ella,
porque
con ella sólo pueden verte a ti.
Ni recuerdos nos unen, ni promesas.
No. Lo que nos enlaza
es que sólo entre dos, únicos dos,
tú para ser mirada, yo mirándote,
vivir puede esa luz. Y si te vas
te esperan, procelosas, las auroras,
las lumbres cenitales, los crepúsculos,
todo ese oscuro mundo que se llama
no volvernos a ver:
no volvernos a ver nunca en tu luz.

∞

ANTES vivías por el aire, el agua,
ligera, sin dolor, vivir de ala,
de quilla, de canción, gustos sin rastros.
Pero has vivido un día

todo el gran peso de la vida en mí.
Y ahora,
sobre la eternidad blanda del tiempo
—contorno irrevocable, lo que hiciste—
marcada está la seña de tu ser,
cuando encontró su dicha.
Y tu huella se sigue;
es huella de un vivir todo transido
de querer vivir más como fue ella.
No se está quieta, no, no se conforma
con su sino de ser señal de vida
que vivió y ya no vive.
Corre tras ti, anhelosa
de existir otra vez, siente la trágica
fatalidad de ser no más que marca
de un cuerpo que se huyó, busca su cuerpo.
Sabes ya que no eres,
hoy, aquí, en tu presente
sino el recuerdo de tu planta un día
sobre la arena que llamamos tiempo.
Tú misma, que la hiciste,
eres hoy sólo huella de tu huella,
de aquella que marcaste entre mis brazos.
Ya nuestra realidad, los cuerpos estos,
son menos de verdad que lo que hicieron
aquel día, y si viven
sólo es para esperar que les retorne
el don de imprimir marcas sobre el mundo.
Su anhelado futuro
tiene la forma exacta de una huella.

∞

¡Sensación de retorno!
Pero ¿de dónde, dónde?
Allí estuvimos, sí,
juntos. Para encontrarnos
este día tan claro
las presencias de siempre
no bastaban. Los besos
se quedaban a medio
vivir de sus destinos:
no sabían volar
de su ser en las bocas
hacia su pleno más.
Mi mirada, mirándote,
sentía paraísos
guardados más allá,
virginales jardines
de ti, donde con esta
luz de que disponíamos
no se podía entrar.

Por eso nos marchamos.
Se deshizo el abrazo,
se apartaron los ojos,
dejaron de mirarse
para buscar el mundo
donde nos encontráramos.
Y ha sido allí, sí, allí.
Nos hemos encontrado
allí. ¿Cómo, el encuentro?

∞

¿FUE como beso o llanto?
¿Nos hallamos
con las manos, buscándonos
a tientas, con los gritos,
clamando, con las bocas
que el vacío besaban?
¿Fue un choque de materia
y materia, combate
de pecho contra pecho,
que a fuerza de contactos
se convirtió en victoria
gozosa de los dos,
en prodigioso pacto
de tu ser con mi ser
enteros?
¿O tan sencillo fue,
tan sin esfuerzo, como
una luz que se encuentra
con otra luz, y queda
iluminado el mundo,
sin que nada se toque?
Ninguno lo sabemos.
Ni el dónde. Aquí en las manos,
como las cicatrices,
allí, dentro del alma,
como un alma del alma,
pervive el prodigioso
saber que nos hallamos,
y que su dónde está
para siempre cerrado.
Ha sido tan hermoso
que no sufre memoria,
como sufren las fechas
los nombres o las líneas.

Nada en ese milagro
podría ser recuerdo:
porque el recuerdo es
la pena de sí mismo,
el dolor del tamaño,
del tiempo, y todo fue
eternidad: relámpago.
Si quieres recordarlo
no sirve el recordar.
Sólo vale vivir
de cara hacia ese dónde,
queriéndolo, buscándolo.

∞

¿ACOMPAÑAN las almas? ¿Se las siente?
¿O lo que te acompañan son dedales
minúsculos, de vidrio,
cárceles de las puntas, de las fugas,
rosadas, de los dedos?

¿Acompañan las ansias? ¿Y los «más»,
los «más», los «más» no te acompañan?
¿O tienes junto a ti sólo la música
tan mártir, destrozada
de chocar contra todas las esquinas
del mundo, la que tocan
desesperadamente, sin besar,
espectros, por la radio?

¿Acompañan las alas, o están lejos?
Y dime, ¿te acompaña
ese inmenso querer estar contigo
que se llama el amor o el telegrama?

¿O estás sola, sin otra compañía
que mirar muy despacio, con los ojos
arrasados de llanto, estampas viejas
de modas anticuadas, y sentirte desnuda,
sola, con tu desnudo prometido?

∞

¿Tú sabes lo que eres
de mí?
¿Sabes tú el nombre?

No es
el que todos te llaman,
esa palabra usada
que se dicen las gentes,
si besan o se quieren,
porque ya se lo han dicho
otros que se besaron.
Yo no lo sé, lo digo,
se me asoma a los labios
como una aurora virgen
de la que no soy dueño.
Tú tampoco lo sabes,
lo oyes. Y lo recibe
tu oído igual que el silencio
que nos llega hasta el alma
sin saber de qué ausencias
de ruidos está hecho.
¿Son letras, son sonidos?
Es mucho más antiguo.
Lengua de paraíso,
sones primeros, vírgenes
tanteos de los labios,

cuando, antes de los números,
en el aire del mundo
se estrenaban los nombres
de los gozos primeros.
Que se olvidaban luego
para llamarlo todo
de otro modo al hacerlo
otra vez: nuevo son
para el júbilo nuevo.
En ese paraíso
de los tiempos del alma,
allí, en el más antiguo,
es donde está tu nombre.
Y aunque yo te lo llamo
en mi vida, a tu vida,
con mi boca, a tu oído,
en esta realidad,
como él no deja huella
en memoria ni en signo,
y apenas lo percibes,
nítido y momentáneo,
a su cielo se vuelve
todo alado de olvido,
dicho parece en sueños,
sólo en sueños oído.
Y así, lo que tú eres,
cuando yo te lo digo
no podrá serlo nadie,
nadie podrá decírtelo.
Porque ni tú ni yo
conocemos su nombre
que sobre mí desciende,
pasajero de labios,
huésped

fugaz de los oídos
cuando desde mi alma
lo sientes en la tuya,
sin poderlo aprender,
sin saberlo yo mismo.

∞

    A veces un no niega
más de lo que quería, se hace múltiple.
Se dice «no, no iré»
y se destejen infinitas tramas
tejidas por los síes lentamente,
se niegan las promesas que no nos hizo nadie
sino nosotros mismos, al oído.
Cada minuto breve rehusado,
—¿eran quince, eran treinta?—
se dilata en sin fines, se hace siglos,
y un «no, esta noche no»
puede negar la eternidad de noches,
la pura eternidad.
¡Qué difícil saber adónde hiere
un no! Inocentemente
sale de labios puros, un no puro;
sin mancha ni querencia
de herir, va por el aire.
Pero el aire está lleno
de esperanzas en vuelo, las encuentra
y las traspasa por las alas tiernas
su inmensa fuerza ciega, sin querer,
y las deja sin vida y va a clavarse
en ese techo azul que nos pintamos
y abre una grieta allí.
O allí rebota

y su herir acerado
vuelve camino atrás y le desgarra
el pecho, al mismo pecho que lo dijo.
Un no da miedo. Hay que dejarlo siempre
al borde de los labios y dudarlo.
O decirlo tan suavemente
que le llegue
al que no lo esperaba
con un sonar de «sí»,
aunque no dijo sí quien lo decía.

∞

Lo que queremos nos quiere
aunque no quiera querernos.
Nos dice que no y que no,
pero hay que seguir queriéndolo:
porque el no tiene un revés,
quien lo dice no lo sabe,
y siguiendo en el querer
los dos se lo encontraremos.
Hoy, mañana, junto al nunca,
cuando parece imposible
ya,
nos responderá en lo amado,
como un soplo imperceptible,
el amor
mismo con que lo adoramos.
Aunque estén contra nosotros
el aire y la soledad,
las pruebas y el no y el tiempo,
hay que querer sin dejarlo,
querer y seguir queriendo.
Sobre todo en la alta noche

cuando el sueño, ese retorno
al ser desnudo y primero,
rompe desde las estrellas
las voluntades de paso,
y el querer siente, asombrado,
que ganó lo que quería,
que le quieren sin querer,
a fuerza de estar queriendo.
Y aunque no nos dé su cuerpo,
la amada, ni su presencia,
aunque se finja otro amor
un estar en otra parte,
este fervor infinito
contra el no querer querer
la rendirá, bese o no.
Y en la más oscura noche,
cuando
desde otra orilla del mundo,
la bese el amor remoto
se le entrará por el alma,
como un frío o una sombra
la evidencia de ser ya
de aquel que la está queriendo.

∞

A esa, a la que yo quiero,
no es a la que se da rindiéndose,
a la que se entrega cayendo,
de fatiga, de peso muerto,
como el agua por ley de lluvia,
hacia abajo, presa segura
de la tumba vaga del suelo.
A esa, a la que yo quiero,

es a la que se entrega venciendo,
venciéndose,
desde su libertad saltando
por el ímpetu de la gana,
de la gana de amor, surtida,
surtidor, o garza volante,
o disparada –la saeta–
sobre su pena victoriosa,
hacia arriba, ganando el cielo.

∞

    Dɪ, ¿no te acuerdas nunca,
de esa forma perdida,
vaga, de tu pasado:
del color de sus trajes?
¡Qué de geometrías
sobre tu pecho núbil,
palpitantes, temblaron!
El azul fue el azul
cuando tú lo estrenabas;
deja el azul del cielo,
el azul que nadamos.
Vámonos a buscar
tu azul de traje azul,
hacia atrás, por los años.
Calor de terciopelos
de otoño te pesaron
como penas primeras.
Siempre te lo ponías
a las ocho, a las nueve
bajo la luz eléctrica.
Y si eran muy oscuros
al salir a los campos

un gran celo celeste
los poblaba de estrellas:
parecían agostos.
Pero por las mañanas
a luz de luz primera,
imposible
ponerse sobre el cuerpo
todo lo que no fuese
felicidad o alas.
Cuando no las tenías
salías de los sueños,
del despertar, desnuda
para entrar en la apenas
materia de las sedas.
Con las aguas de abril
las nieves de tus blancos
trajes te florecían.
Campánulas y lirios
a tus telas corrían
a plantarse;
porque tú prolongabas
su florecer, sin fin,
y en los días de invierno
los lanzabas al aire,
seguros, defendidos
del rigor y del hielo
por esa primavera,
sin cesar, de tu carne.

¿En dónde están los pétalos
marchitos de tus trajes?
¿Qué alamedas tapizan
en los mundos incógnitos,
desde que los dejaste?

Tiene que haber un cielo
donde van al morirse
cuando se les acaban
sus glorias terrenales
sobre el cuerpo perfecto:
cielo de recordarles.
Deshechas las materias
de las telas, borradas,
como de criaturas,
las diferencias vanas
entre lino y crespón,
perdidas
andan, por su trasmundo,
de tus trajes las almas.
Las almas que eran trazos
—ahora inflexibles, fríos—,
dibujos de tus trajes,
círculos o triángulos
a quien tus movimientos
grácilmente libraban
de su sino esquemático.
Las almas que eran flores,
desterradas por siempre,
ahora,
a un destierro de campos.
Las almas que eran eso:
un gris, un rosa, un blanco,
que flotan liberadas
por los anchos espacios
de todos los crepúsculos,
como si fueran nubes.
Y tú no las conoces,
cuando yo, recordando
su pasado de trajes

tuyos, te las señalo,
allá, en su paraíso.

∞

¡CUÁNTO tiempo fuiste dos!
Querías y no querías.
No eras como tu querer,
ni tu querer como tú.
¡Qué vaivén entre una y otra!
A los espejos del mundo,
al silencio, a los azares,
preguntabas
cuál sería la mejor.
Inconstante de ti misma
siempre te estabas matando
tu mismo sí con tu no.
Y en el borde de los besos,
ni tu corazón ni el mío,
sabía quién se acercaba:
si era la que tú querías
o la que quería yo.
Cuando estabais separadas,
como la flor de su flor,
¡qué lejos de ti tenía
que ir a buscarte el querer!
Él estaba por un lado.
Tú en otro.
Lo encontraba. Pero no
sabía estarme con él,
vivir así separados
o de tu amor o de ti.
Yo os quería a los dos.
Y por fin junto está todo.

Cara a cara te miraste,
tu mirada en ti te vio:
eras ya la que querías.
Y ahora os beso a las dos
en ti sola.
Y esta paz de ser entero,
no sabe
el alma quién la ganó:
si es que tu amor se parece
a ti, de tanto quererte,
o es que tú,
de tanto estarle queriendo,
eres ya igual que tu amor.

∞

AQUÍ
en esta orilla blanca
del lecho donde duermes
estoy al borde mismo
de tu sueño. Si diera
un paso más, caería
en sus ondas, rompiéndolo
como un cristal. Me sube
el calor de tu sueño
hasta el rostro. Tu hálito
te mide la andadura
del soñar: va despacio.
Un soplo alterno, leve
me entrega ese tesoro
exactamente: el ritmo
de tu vivir soñando.
Miro. Veo la estofa
de que está hecho tu sueño.

La tienes sobre el cuerpo
como coraza ingrávida.
Te cerca de respeto.
A tu virgen te vuelves
toda entera, desnuda,
cuando te vas al sueño.
En la orilla se paran
las ansias y los besos:
esperan, ya sin prisa,
a que abriendo los ojos
renuncies a tu ser
invulnerable. Busco
tu sueño. Con mi alma
doblada sobre ti
las miradas recorren,
traslúcida, tu carne
y apartan dulcemente
las señas corporales,
por ver si hallan detrás
las formas de tu sueño.
No lo encuentran. Y entonces
pienso en tu sueño. Quiero
descifrarlo. Las cifras
no sirven, no es secreto.
Es sueño y no misterio.
Y de pronto, en el alto
silencio de la noche,
un soñar mío empieza
al borde de tu cuerpo;
en él el tuyo siento.
Tú dormida, yo en vela,
hacíamos lo mismo.
No había que buscar;
tu sueño era mi sueño.

PENSAR en ti esta noche
no era pensarte con mi pensamiento,
yo solo, desde mí. Te iba pensando
conmigo extensamente, el ancho mundo.

El gran sueño del campo, las estrellas,
callado el mar, las hierbas invisibles,
sólo presentes en perfumes secos,
todo,
de Aldebarán al grillo te pensaba.

¡Qué sosegadamente
se hacía la concordia
entre las piedras, los luceros,
el agua muda, la arboleda trémula,
todo lo inanimado,
y el alma mía
dedicándolo a ti! Todo acudía
dócil a mi llamada, a tu servicio,
ascendido a intención y a fuerza amante.
Concurrían las luces y las sombras
a la luz de quererte; concurrían
el gran silencio, por la tierra, plano,
suaves voces de nube, por el cielo,
al cántico hacia ti que en mí cantaba.
Una conformidad de mundo y ser,
de afán y tiempo, inverosímil tregua,
se entraba en mí, como la dicha entra
cuando llega sin prisa, beso a beso.
Y casi
dejé de amarte por amarte más,
en más que en mí, confiando inmensamente

ese empleo de amar a la gran noche
errante por el tiempo y ya cargada
de misión, misionera
de un amor vuelto estrellas, calma, mundo,
salvado ya del miedo
al cadáver que queda si se olvida.

∽

  No te detengas nunca
cuando quieras buscarme.
Si ves muros de agua,
anchos fosos de aire,
setos de piedra o tiempo,
guardia de voces, pasa.
Te espero con un ser
que no espera a los otros:
en donde yo te espero
sólo tú cabes. Nadie
puede encontrarse
allí conmigo sino
el cuerpo que te lleva,
como un milagro, en vilo.
Intacto, inajenable,
un gran espacio blanco,
azul, en mí, no acepta
más que los vuelos tuyos,
los pasos de tus pies;
no se verán en él
otras huellas jamás.
Si alguna vez me miras
como preso encerrado,
detrás de puertas,
entre cosas ajenas,

piensa en las torres altas,
en las trémulas cimas
del árbol, arraigado.
Las almas de las piedras
que abajo están sirviendo
aguardan en la punta
última de la torre.
Y ellos, pájaros, nubes,
no se engañan: dejando
que por abajo pisen
los hombres y los días,
se van arriba,
a la cima del árbol,
al tope de la torre,
seguros de que allí,
en las fronteras últimas
de su ser terrenal
es donde se consuman
los amores alegres,
las solitarias citas
de la carne y las alas.

¡CUÁNTOS años
has estado fingiendo, tú, la oculta,
ser la aparente hija
del mundo, de tus padres, de la tierra
en donde nació el tallo de tu voz!
El sol sobre tus hombros
los ponía morenos,
si el frío te estrechaba entre sus pieles
nítidas tú temblabas.
Y parecías ser la criatura

de los azares,
esperarte a ti misma en cada día.
Dulce materia firme en la que el mundo,
con nieves o con sol, con pena o dicha,
se entretenía caprichosamente,
en modelar prodigios, rostro y alma,
sin que tú hicieses nada
sino aceptarlos con sonrisas,
mirarlos en tu espejo,
e irte luego con ellos por la vida,
como si fuesen tú. Tu cuerpo mismo
se figuraron que labrado estaba
con la materna leche, por el tiempo,
con el crecer, por exteriores leyes,
y vestido
por las sedas que pintan otras manos.
Pero un día en la frente,
en el pecho, en los labios,
metal ardiente, óleos, palabras encendidas
te tocaron y ahora
por fin te llamas tú.
Coronada de ti, de ti vestida,
lo que te cubre el alma que tú eras
no es ya la carne aquella, don paterno,
ni los trajes venales, ni la edad.
En la común materia
—ojos, gracias, bondad, esbelta pierna,
color de los cabellos, voz, bravura—
que en ti llevabas,
te has infundido tú, y a ti te has hecho.
Ya no recibes vida, tú la creas.
Tú, de tu propia criatura origen,
del vago simulacro de tu antes
te sacas tu nacer: recién nacida

voluntaria a vivir. Y ya no debes
nada –estás sin pasado–
a la tierra, o al mundo, o a otros seres.
Si acaso besa agradecidamente
en los labios del aire de esta noche
–suelo de trébol, techo de luceros–
a la que te ha guiado, misteriosa
potencia del amor, hasta ti misma,
para que al fin pudieses ser tu alma.

∞

   No, nunca está el amor.
Va, viene, quiere estar
donde estaba o estuvo.
Planta su pie en la tierra,
en el pecho; se vuela
y se posa o se clava
–azor siempre o saeta–
en un cielo distante,
que está a veces detrás,
y va de presa en presa.
En las noches mullidas
de estrellas y luceros
se tiende a descansar.
Allá arriba, celeste
un momento, la tierra
es el cielo del cielo.
Mira, la quiere, cae,
con ardor de subir.
Por eso no se sabe
de qué profundidad
viene el amor, lejana,
si de honduras de cielos,

o entrañas de la tierra.
Ya
parece que está aquí,
que es nuestro, entre dos cuerpos,
que no se escapará,
guardado entre los besos.
Y su pasar, su rápido
vivir aquí en nosotros,
llega, fuerte, tan hondo
que aunque vuele y se huya
a buscar otros cambios,
a ungir a nuevos seres
decimos: amor mío.
A su fugacidad,
con el alma del alma,
la llamamos lo eterno.
Y un momento de él,
de su tiempo infinito,
si nos toca en la frente
será la vida nuestra.

∞

No se escribe tu nombre
donde se escribe con lo que se escribe.
En las aguas escribe
con verde rasgo el árbol.
En el aire las máquinas
improvisan nocturnos,
tocan su seca música
de alfabeto romántico.
En los cielos abiertos,
van trazando los pájaros
códigos de los vuelos.

Tu nombre, no se escribe
donde se escribe con lo que se escribe.

  Las estrellas se leen
con largas lentes claras,
que descifran su tedio
de enigmas alejados.
Las tierras más remotas,
con colores azules,
verdes, rosas, entregan
su secreto en los mapas.
Y el pasado se ve
tan escrito en los ojos
que mirar a alguien bien
es elegía o cántico
que brotan del azul,
del verde, de lo negro.
Tu nombre no se lee
donde se lee, con lo que se lee.

  La aurora borra noches,
el mediodía auroras,
y las tardes le quitan
forma, ser, a los días.
El tiempo borra al tiempo,
queda sólo un gran blanco.
Pero tu nombre, ¿quién,
dime, quién va a borrarlo,
si en nada se le lee,
si no lo ha escrito nadie,
como lo digo yo,
como lo voy callando?

∞

Si la voz se sintiera con los ojos
¡ay, cómo te vería!
Tu voz tiene una luz que me ilumina,
luz del oír.
Al hablar
se encienden los espacios del sonido,
se le quiebra al silencio
la gran oscuridad que es. Tu palabra
tiene visos de albor, de aurora joven,
cada día, al venir a mí de nuevo.
Cuando afirmas,
un gozo cenital, un mediodía,
impera, ya sin arte de los ojos.
Noche no hay si me hablas por la noche.
Ni soledad, aquí solo en mi cuarto
si tu voz llega, tan sin cuerpo, leve.
Porque tu voz crea su cuerpo. Nacen
en el vacío espacio, innumerables,
las formas delicadas y posibles
del cuerpo de tu voz. Casi se engañan
los labios y los brazos que te buscan.
Y almas de labios, almas de los brazos,
buscan alrededor las, por tu voz
hechas nacer, divinas criaturas,
invento de tu hablar.
Y a la luz del oír, en ese ámbito
que los ojos no ven, todo radiante,
se besan por nosotros
los dos enamorados que no tienen
más día ni más noche
que tu voz estrellada, o que tu sol.

¡GLORIA a las diferencias
entre tú y yo que llaman
nuestro amor a la alerta,
cara a cara, a probarse!
¡Qué fácil unidad
de los que son iguales!
¡Qué entenderse tan liso,
de arena con la arena,
de agua con agua o luz
y luz!
En lo que nos separa
laten, nos llaman, ávidas,
las victorias futuras,
esperando.
Cuando hallamos lo igual
de ti y de mí descansa
el amor de su lucha
sobre triunfos floridos
que en el beso se cumplen,
horizontes. Luego,
lo distinto se alza,
nos pone en pie, nos llama
otra vez a vencernos
por las minas oscuras.
Tempestades amantes
igual que las celestes
desembocan en fúlgidas
sorpresas: en más luz,
en la cándida
novedad de lo mismo.
Delicadas, ardientes,
nuestras almas se buscan
por nuestro diferir
como por un camino

donde no hay despedidas.
Y al final, el hallazgo,
el contacto, la nueva
separación vencida,
la unión pura brotando
de lo que desunía.
Y tu cara y mi cara
mirándose en el triunfo
como en un agua quieta,
no verán diferencias
—uno y uno, tú y yo—;
sólo verán un rostro,
amor, que les sonríe.

∞

Cuando te digo: «alta»
no pienso en proporciones, en medidas:
incomparablemente te lo digo.
Alta la luz, el aire, el ave;
alta, tú, de otro modo.

En el nombre de «hermosa»
me descubro, al decírtelo,
una palabra extraña entre los labios.
Resplandeciente visión nueva
que estalla, explosión súbita,
haciendo mil pedazos,
de cristal, humo, mármol,
la palabra «hermosura» de los hombres.

Al decirte a ti: «única»,
no es porque no haya otras
rosas junto a las rosas,

olivas muchas en el árbol, no.
Es porque te vi sólo
al verte a ti. Porque te veo ahora
mientras no te me quites del amor.
Porque no te veré ya nunca más
el día que te vayas,
tú.

∞

¡CÓMO me dejas que te piense!
Pensar en ti no lo hago solo, yo.
Pensar en ti es tenerte,
como el desnudo cuerpo ante los besos,
toda ante mí, entregada.
Siento cómo te das a mi memoria,
cómo te rindes al pensar ardiente,
tu gran consentimiento en la distancia.
Y más que consentir, más que entregarte,
me ayudas, vienes hasta mí, me enseñas
recuerdos en escorzo, me haces señas
con las delicias, vivas, del pasado,
invitándome.
Me dices desde allá
que hagamos lo que quiero,
unirnos, al pensarte.
Y entramos por el beso que me abres,
y pensamos en ti, los dos, yo solo.

∞

¿No sientes el cansancio redimido
hoy, al servir de muda y honda prueba
de las vidas gastadas en vivirnos?

No quiero separarme
de esa gran traspresencia de ti en mí:
el cansancio del cuerpo.
Siempre te están abiertos en mi ser,
albergues vastos, mínimos,
donde guardarte si te vas:
celdas de la memoria, y sus llanuras.
En el alma te encierro,
como el vuelo del ave
encierra el aire suyo preferido,
en una red de ansiosas idas y venidas,
de vuelos
en torno tuyo, en cerco sin prisión,
toda adorada en giros, rodeada.
O prendida te quedas, al marcharte,
como por obra de casualidades,
reclinada en mi vida,
igual que ese cabello rubio que se queda
olvidado en un hombro.
Pero hoy la fervorosa
negación de tu ausencia, tu recuerdo,
va por mi ser entero, por mis venas,
fluye dentro de mí, y es el cansancio.
De pies a frente, sin dolor, circula
tan despacio
que si en él me mirase nos veríamos.
Floto en su tersa lámina,
lento aquietarse en arrobada calma
de las contradicciones que en la noche
buscaron su unidad labio con labio.
Me acuno en el cansancio
y en él me tienes y te tengo en él,
aunque no nos veamos.
Y si al ánimo torpe se le apaga

la llama donde vive aún lo pasado,
luz de memoria,
recuerda el cuerpo fiel,
vela por no olvidar, y es el cansancio
corporal el que salva
lo que el rendido espíritu abandona.
Y la carne se siente
júbilo de asunción al encargarse
hoy, para el ser entero,
de recordar, de la misión del alma,
cuando hasta por las venas,
la misma sangre va vuelta en recuerdo.

∞

AHORA te quiero,
como el mar quiere a su agua:
desde fuera, por arriba,
haciéndose sin parar
con ella tormentas, fugas,
albergues, descansos, calmas.
¡Qué frenesíes, quererte!
¡Qué entusiasmo de olas altas,
y qué desmayos de espuma
van y vienen! Un tropel
de formas, hechas, deshechas,
galopan desmelenadas.
Pero detrás de sus flancos
está soñándose un sueño
de otra forma más profunda
de querer, que está allá abajo:
de no ser ya movimiento,
de acabar este vaivén,
este ir y venir, de cielos

a abismos, de hallar por fin
la inmóvil flor sin otoño
de un quererse quieto, quieto.
Más allá de ola y espuma
el querer busca su fondo.
Esa hondura donde el mar
hizo la paz con su agua
y están queriéndose ya
sin signo, sin movimiento.
Amor
tan sepultado en su ser,
tan entregado, tan quieto,
que nuestro querer en vida
se sintiese
seguro de no acabar
cuando terminan los besos,
las miradas, las señales.
Tan cierto de no morir
como está
el gran amor de los muertos.

∞

Beso será. Parecen otras cosas.
Parecen tardes vagas, sin destino
errantes por el tiempo: y nos esperan.
Al borde de los labios, de la vida,
se estremecen palabras, nombres, síes,
buscándose su ser, y no lo encuentran;
retornan al silencio, fracasadas.
No querían hablar, lo que querían
es hablarte, y no estás.
            Pero ellas, todo
esto que nada es, esto que vive

en tierna primavera distraída,
espera su cumplirse, cuando llegues.
Todo es labios, los míos o los tuyos,
hoy separados. Lo llamamos hojas,
brisa, tarde de abril, papel, palabras.
Pero si te presentas,
correrán todos, largos frenesíes
impacientes de espera, a reunirse.
Y la nube, la luz y las palabras,
y esta gran soledad
de bocas solas con sus almas solas,
beso será, se encontrarán en beso,
dado por esos labios ardorosos
que se llaman la ausencia, cuando acaba.

∞

MUNDO de lo prometido,
agua.
Todo es posible en el agua.

Apoyado en la baranda,
el mundo que está detrás
en el agua se me aclara,
y lo busco
en el agua, con los ojos,
con el alma, por el agua.
La montaña, cuerpo en rosa
desnuda, dura de siglos,
se me enternece en lo verde
líquido, rompe cadenas,
se escapa,
dejando atrás su esqueleto,
ella fluyente, en el agua.

Los troncos rectos del árbol
entregan
su rectitud, ya cansada,
a las curvas tentaciones
de su reflejo en las ondas.
Y a las ramas, en enero
—rebrillos de sol y espuma—,
les nacen hojas de agua.
Porque en el alma del río
no hay inviernos:
de su fondo le florecen
cada mañana, a la orilla
tiernas primaveras blandas.
Los vastos fondos del tiempo,
de las distancias, se alisan
y se olvidan de su drama:
separar.
Todo se junta y se aplana.
El cielo más alto vive
confundido con la yerba,
como en el amor de Dios.
Y el que tiene amor remoto
mira en el agua, a su alcance,
imagen, voz, fabulosas
presencias de lo que ama.
Las órdenes terrenales
su filo embotan en ondas,
se olvidan de que nos mandan;
podemos, libres, querer
lo querido, por el agua.
Oscilan los imposibles,
tan trémulos como cañas
en la orilla, y a la rosa
y a la vida se le pierden

espinas que se clavaban.
De recta que va, de alegre,
el agua hacia su destino,
el terror de lo futuro
en su ejemplo se desarma:
si ella llega, llegaremos,
ella, nosotros, los dos,
al gran término del ansia.
Lo difícil en la tierra,
por la tierra,
triunfa gozoso en el agua.
Y mientras se están negando
—no constante, terrenal—
besos, auroras, mañanas,
aquí sobre el suelo firme,
el río seguro canta
los imposibles posibles,
de onda en onda, las promesas
de las dichas desatadas.

      Todo lo niega la tierra,
pero todo se me da
en el agua, por el agua.


      ∞


      DE noche la distancia
parece sólo oscuridad, tiniebla
que no separa sino por los ojos.
El mundo se ha apagado,
pasajera avería del gozo de mirarse;
pero todo
lo que se quiere cerca,
está al alcance del querer, cerquísima,

como está el ser amado, cuando está
su respirar, el ritmo de su cuerpo,
al lado nuestro, aunque sin verse.
Se sueña
que en la esperanza del silencio oscuro
nada nos falta, y que a la luz primera
los labios y los ojos y la voz
encontrarán sus términos ansiados:
otra voz, otros ojos, otros labios.
Y amanece el error. La luz separa.
Alargando las manos no se alcanza
el cuerpo de la dicha, que en la noche
tendido se sentía junto al nuestro,
sin prisa por trocarlo en paraíso:
sólo se palpan soledades nuevas,
ofertas de la luz. Y la distancia
es distancia, son leguas, años, cielos;
es la luz, la distancia. Y hay que andarla,
andar pisando luz, horas y horas,
para que nuestro paso, al fin del día,
gane la orilla oscura
en que cesan las pruebas de estar solo.
Donde el querer, en la tiniebla, piensa
que con decir un nombre
una felicidad contestaría.
Y cuando en la honda noche se nos colman
con júbilos, con besos o con muertes,
los anhelosos huecos,
que amor y luz abrieron en las almas.

∞

APENAS te has marchado
—o te has muerto—,

pero yo ya te espero.
Todos tus movimientos,
pasos, latidos, ansias,
o tu muerte, quietud,
aunque arrastrarte quieran
hacia una soledad
celestial o terrestre
no te saben llevar
de lo que estás queriendo:
te vas, pero te acercas,
pronto, más tarde, luego.
Ahora marchas, lo sé,
a infinita distancia,
pero laten tus pasos
en todas esas vagas
sombras de ruido, tenues,
que en la alta noche estrellan
el azul del silencio:
todas suenan a ecos.
Si es un rumor de ruedas,
es que te traen los trenes,
las alas o las nubes.
Si es un romper de olas,
es que va cabalgándolas
el barco de cristal
en que vuelves. Si hojas
secas, que empuja el viento,
es que vienes despacio,
andando, con un traje
de seda, y que te cruje,
sobre los tersos suelos
de los aires, su cola.
Todo sonido en eco
tuyo me lo convierte

el alma que te espera.
Andas sólo hacia mí,
y tus pasos se sienten
siempre de estar viniendo
por la ausencia, ese largo
rodeo
que das para volver.
Se te vio en tu marchar
el revés: tu venida,
vibrante en el adiós.
Igual que vibra el alba
en el gris, en el rosa,
que pisando los cielos,
con paso de crepúsculo,
al acabar el día
parecen –y son ella,
la que viene, inminente–
una luz que se va.

∽

DAME tu libertad.
No quiero tu fatiga,
no, ni tus hojas secas,
tu sueño, ojos cerrados.
Ven a mí desde ti,
no desde tu cansancio
de ti. Quiero sentirla.
Tu libertad me trae,
igual que un viento universal,
un olor de maderas
remotas de tus muebles,
una bandada de visiones
que tú veías

cuando en el colmo de tu libertad
cerrabas ya los ojos.
¡Qué hermosa tú libre y en pie!
Si tú me das tu libertad me das tus años
blancos, limpios y agudos como dientes,
me das el tiempo en que tú la gozabas.
Quiero sentirla como siente el agua
del puerto, pensativa,
en las quillas inmóviles
el alta mar, la turbulencia sacra.
Sentirla,
vuelo parado,
igual que en sosegado soto
siente la rama
donde el ave se posa,
el ardor de volar, la lucha terca
contra las dimensiones en azul.
Descánsala hoy en mí: la gozaré
con un temblor de hoja en que se paran
gotas del cielo al suelo.
La quiero
para soltarla, solamente.
No tengo cárcel para ti en mi ser.
Tu libertad te guarda para mí.
La soltaré otra vez, y por el cielo,
por el mar, por el tiempo,
veré cómo se marcha hacia su sino.
Si su sino soy yo, te está esperando.

NADADORA de noche, nadadora
entre olas y tinieblas.
Brazos blancos hundiéndose, naciendo,

con un ritmo
regido por designios ignorados,
avanzas
contra la doble resistencia sorda
de oscuridad y mar, de mundo oscuro.
Al naufragar el día,
tú, pasajera
de travesías por abril y mayo,
te quisiste salvar, te estás salvando,
de la resignación, no de la muerte.
Se te rompen las olas, desbravadas,
hecho su asombro espuma,
arrepentidas ya de su milicia,
cuando tú les ofreces, como un pacto,
tu fuerte pecho virgen.
Se te rompen
las densas ondas anchas de la noche
contra ese afán de claridad que buscas,
brazada por brazada, y que levanta
un espumar altísimo en el cielo;
espumas de luceros, sí, de estrellas,
que te salpica el rostro
con un tumulto de constelaciones,
de mundos. Desafía
mares de siglos, siglos de tinieblas,
tu inocencia desnuda.
Y el rítmico ejercicio de tu cuerpo
soporta, empuja, salva
mucho más que tu carne. Así tu triunfo
tu fin será, y al cabo, traspasadas
el mar, la noche, las conformidades,
del otro lado ya del mundo negro,
en la playa del día que alborea,
morirás en la aurora que ganaste.

¿CÓMO me vas a explicar,
di, la dicha de esta tarde,
si no sabemos por qué
fue, ni cómo, ni de qué
ha sido,
si es pura dicha de nada?
En nuestros ojos visiones,
visiones y no miradas,
no percibían tamaños,
datos, colores, distancias.
De tan desprendidamente
como estaba yo y me estabas
mirando, más que mirando,
mis miradas te soñaban,
y me soñaban las tuyas.
Palabras sueltas, palabras,
deleite en incoherencias,
no eran ya signo de cosas,
eran voces puras, voces
de su servir olvidadas.
¡Cómo vagaron sin rumbo,
y sin torpeza, caricias!
Largos goces iniciados,
caricias no terminadas,
como si aún no se supiera
en qué lugar de los cuerpos
el acariciar se acaba,
y anduviéramos buscándolo,
en lento encanto, sin ansia.
Las manos, no era tocar
lo que hacían en nosotros,
era descubrir; los tactos,

nuestros cuerpos inventaban,
allí en plena luz, tan claros
como en la plena tiniebla,
en donde sólo ellos pueden
ver los cuerpos,
con las ardorosas palmas.
Y de estas nadas se ha ido
fabricando, indestructible,
nuestra dicha, nuestro amor,
nuestra tarde.
Por eso aunque no fue nada,
sé que esta noche reclinas
lo mismo que una mejilla
sobre ese blancor de plumas
—almohada que ha sido alas—,
tu ser, tu memoria, todo,
y que todo te descansa,
sobre una tarde de dos,
que no es nada, nada, nada.

∞

¡PASMO de lo distinto!
¡Ojos azules, nunca
igual a ojos azules!
La luz del día este
no es aquella de ayer,
ni alumbrará mañana.
En infinitos árboles
del mundo, cada hoja
vence al follaje anónimo,
por un imperceptible
modo de no ser otra.
Las olas,

unánimes en playas,
hermanas, se parecen
en el color del pelo,
en el mirar azul
o gris, sí. Pero todas
tienen letra distinta
cuando cuentan sus breves
amores en la arena.

   ¡Qué gozo, que no sean
nunca iguales las cosas,
que son las mismas! ¡Toda,
toda la vida es única!
Y aunque no las acusen
cristales ni balanzas,
diferencias minúsculas
aseguran a un ala
de mariposa, a un grano
de arena, la alegría
inmensa de ser otras.
Si el vasto tiempo entero,
río oscuro, se escapa,
en las manos nos deja
prendas inmarcesibles
llamadas días, horas,
en que fuimos felices.

   Por eso los amantes
se prometen los siempres
con almas y con bocas.
Viven de beso en beso
rodando, como el mar
se vive de ola en ola,
sin miedo a repetirse.

Cada abrazo es él, solo,
único, todo beso.
Y el amor al sentirlo
besa, abraza sin término,
buscando
un más detrás de un más,
otro cielo en su cielo.
Suma, se suma, suma,
y así de uno más uno,
a uno más uno, va
seguro a no acabarse:
toca
techo de eternidad.

∞

ENTRE el trino del pájaro
y el son grave del agua.
El trino se tenía
en la frágil garganta;
la garganta en un bulto
de plumas, en la rama;
y la rama en el aire,
y el aire, en cielo, en nada.
El agua iba rompiéndose
entre piedras. Quebrado
su fluir misterioso
en los guijos, clavada
a su lecho, apoyada
en la tierra, tocándola
lloraba
de tener que tocarla.
Tú vacilaste: era
la luz de la mañana.

Y yo, entre los dos cantos,
tu elección aguardaba.
¿Qué irías a escoger,
entre el trino del pájaro,
fugitivo capricho,
–escaparse, volarse–,
o los destinos fieles,
hacia su mar, del agua?

∞

TAN convencido estoy
de tu gran traspresencia en lo que vivo,
de que la luz, la lluvia, el cielo son
formas en que te esquivas,
vaga interposición entre tú y tú,
que no estoy nunca solo
mientras la luz del día me parece tu alma,
o cuando al encenderse las estrellas
me van diciendo cosas que tú piensas.
Esa gota de lluvia
que cae sobre el papel
es, no mancha morada, florida del azar,
sino vaga y difusa violeta
que tú me envías del abril que vives.

Y cuando los contactos de la noche,
masa de oscuridad, sólida masa,
viento, rumores, llegan y me tocan
me quedo inmensamente
asombrado de ver
que el brazo que te tiendo no te estrecha,
de que aún te obstines
en no mostrarte entera

tan cerca como estás, detrás de todo.
Y tengo que creer,
aunque palpitas en lo más cercano
—sólo porque tu cuerpo no se ve—
en la vaga ficción de estar yo solo.

∞

Si te quiero
no es porque te lo digo:
es porque me lo digo y me lo dicen.
El decírtelo a ti ¡qué poco importa
a esa pura verdad que es en su fondo
quererte! Me lo digo,
y es como un despertar de un no decirlo,
como un nacer desnudo,
el decirlo yo solo, sin designio
de que lo sepa nadie, tú siquiera.
Me lo dicen
el cielo y los papeles tan en blanco,
las músicas casuales que se encuentran
al abrir los secretos de la noche.
Si me miro en espejos
no es mi faz lo que veo, es un querer.
El mundo
según lo voy atravesando
que te quiero me dice,
a gritos o en susurros.
Y algunas veces te lo digo a ti
pero nunca sabrás que ese «te quiero»
sólo signo es, final, y prenda mínima;
ola, mensaje, roto al cabo,
en son, en blanca espuma,
del gran querer callado, mar total.

ﾗ

ELLOS. ¿Los ves, di, los sientes?
Están hechos de nosotros,
nosotros son, pero más.
Al pasar
frente a espejos no los vemos.
Al mirarnos,
en mis ojos, en tus ojos,
ya se los empieza a ver:
ellos
somos nosotros queriéndonos,
queriendo tu más, mi más.
Lo que fuimos, lo que somos,
¡qué empezar torpe, tan sólo,
qué tanteo entre tinieblas,
hacia lo que ellos serán!
¿Cómo vamos a querer
vivir más en lo que éramos?
Vivir es vivirse en ellos.
Y aunque entreguemos al mundo,
y a los días y a los ojos,
esas imágenes viejas,
usadas, de ti y de mí,
–lo que somos–
nosotros vamos, arriba,
hechos ellos, por lo alto,
flotando en el paraíso
de lo que anhelamos ser.

Y hay que hacer todo por ellos.
Fatígate, si te pide
su descanso tu fatiga.
No les rompas su mañana,
que es de cristal de esperar.

No les digas: «no». Tu «no»,
te mataría, en su pecho.
¡Que se salven!
Y si el precio es una vida
que se parece a la nuestra,
tú no te equivoques nunca:
la nuestra es la de ellos, ya.

∞

UNA lágrima en mayo.
Día treinta, una lágrima,
llorada si no vista,
es como un largo puente
uniendo dos orillas
que se miraban desde lejos, solas.
Una lágrima en mayo
despierta, allí en sus nidos,
a las aves nocturnas,
todas desconcertadas,
igual que en los eclipses,
por ese velo súbito,
en la vida tan clara.
Una lágrima en mayo
parece un gran desorden.
Y en cuanto se ha vertido,
aunque nadie la vea
le crea al mundo entero
un deber, una deuda.
Tendrán que trabajar
la tierra, sus entrañas,
fabricando diamantes, y los mares
harán conchas más nuevas
que las que antes hacían.

Pondrán todas las flores
sutilezas, esmeros
en florecer. Estío, otoño, invierno
con la nieve y el vino
aumentarán los bienes
juntados para el pago.
Y acumulando plomos, hojas, oro,
con la belleza ahorrada
cada día del año,
vendrá el mundo a pagarte,
alguna vez, en gozo,
a ti que la has llorado
—llorada si no vista—
la lágrima de mayo.

No canta el mirlo en la rama,
ni salta la espuma en el agua:
lo que salta, lo que canta
es el proyecto en el alma.
Las promesas tienen hoy
rubor de haber prometido
tan poco, de ser tan cortas;
se escapan hacia su más,
todas trémulas de alas.
Perfección casi imposible
de la perfección hallada,
en el beso que se da
se estremece de impaciencia
el beso que se prepara.
El mundo se nos acerca
a pedirnos que le hagamos
felices con nuestra dicha.

Horizontes y paisajes
vienen a vernos, nos miran,
se achican para caberte
en los ojos; las montañas
se truecan en piedrecillas,
por si las coge tu mano,
y pierden su vida fría
en la vida de tu palma.
Leyes antiguas del mundo,
ser de roca, ser de agua,
indiferentes
se rompen porque las cosas
quieren vivirse también
en la ley de ser felices,
que en nosotros se proclama
jubilosamente.
Todo querría ser dos
porque somos dos. El mundo
seducido por el canto
del gran proyecto en el alma
se nos ofrece, nos da
rosas, brisas y coral,
innumerables materias
dóciles, esperanzadas
de que con ellas tú y yo
labremos
el gran amor de nosotros.
Coronándonos, la dicha
nos escoge, nos declara
capaces de creación
alegre. El mundo cansado
podría ser —él lo siente—,
si nosotros lo aceptamos
por cuerpo de nuestro amor,

recién nacido otra vez,
primogénito del gozo.
¿Le oyes
que se nos está ofreciendo
en flor, en roca y en aire?
Pero tú y yo resistimos
la tentación de su voz,
la lástima que nos da
su gran cuerpo sin empleo.
Allí se quedan las piedras,
las violetas, ajenas,
tan fáciles de morir,
esperando
otro amor que las redima.
No.
Nuestro proyecto cantante,
empinado, irresistible,
de su embriaguez en el alma,
no se labrará en los mármoles
ni con pétalos o sueños:
se hará carne en nuestra carne.
Le entregamos alma y cuerpo
para que él sea y se viva.
Y sin ayuda del mundo,
de su bronce, de su arena,
tendrá forma en lo que ofrecen
nuestros dos seres unidos:
la pareja suficiente.
Y las dos vidas, viviendo
abrazadas,
serán la dócil materia
eterna, con que se labre
el gran proyecto del alma.

Dɪ, ¿te acuerdas de los sueños,
de cuando estaban allí,
delante?
¡Qué lejos, al parecer,
de los ojos!
Parecían nubes altas,
fantasmas sin asideros,
horizontes sin llegada.
Ahora míralos, conmigo,
están detrás de nosotros.
Si eran nubes,
vamos por nubes más altas.
Si eran horizontes, lejos,
ahora, para verlos
hay que volver la cabeza
porque los hemos pasado.
Si eran fantasmas,
siente
en las palmas de tus manos,
en los labios,
la cálida huella aún
del abrazo
en que dejaron de serlo.
Estamos al otro lado
de los sueños que soñamos,
a ese lado que se llama
la vida que se cumplió.
Y ahora,
de tanto haber realizado
nuestro soñar,
nuestro sueño está en dos cuerpos.
Y no hay que mirar los dos,

sin vernos el uno al otro,
a lo lejos, a las nubes,
para encontrar otros nuevos
que nos empujen la vida.
Mirándonos cara a cara,
viéndonos en lo que hicimos
brota
desde las dichas cumplidas
ayer, la dicha futura
llamándonos. Y otra vez
la vida se siente un sueño
trémulo, recién nacido.

∞

No te guardes nada, gasta,
derrocha alegrías, dichas,
truécalas en aire azul
por que vayan en volandas,
por el cielo, hazlas de agua,
llena los cauces del mundo
con su espuma desatada,
entra por almas dormidas,
sacúdelas por las alas,
agita, como trigales,
grandes campos de esperanzas,
rebosa, rebósate
de amar y de ser amada:
porque
ni este día, ni esta noche
se te acabará el amor,
ni la amada se me acaba.
Nos queda mucho. ¿No sientes
inmensas huestes de besos,

de resistencias, bandadas
de porvenir en las manos,
de arrebatos y de calmas?
¿Lo que me queda, invisible,
callado, guardado, al fondo
de lo que tocan los ojos,
de lo que las manos palpan?
Y no está bajo la tierra,
mineral sordo, esperando
con alma pura de oro.
Ni es tampoco don ingrávido,
secreto fruto celeste,
suspendido
de alguna rama del aire,
preparándose a tus labios.
No, no está lo que nos queda
ni en las minas, ni en los altos
huertos de estrellas maduras,
no son diamantes ni astros.
No existe, no tiene forma,
aún no sufre los penosos
contornos de lo creado.

Lo que nos queda palpita
en lo mismo que nos damos.
Allí detrás de los besos,
de las miradas, del gozo,
sin forma están y seguros,
gozos, besos y miradas,
esperados, esperando.
Con cada abrazo le nace
un nuevo ser a otro abrazo.
El beso que se termina
otro se pide a sí mismo,

y en su dichoso expirar
le siente ya madurando.
¡Darme, darte, darnos, darse!
No cerrar nunca las manos.
No se agotarán las dichas,
ni los besos, ni los años,
si no las cierras. ¿No sientes
la gran riqueza de dar?
La vida
nos la ganaremos siempre,
entregándome, entregándote.

Dos

## Salvación por el cuerpo

¿No lo oyes? Sobre el mundo,
eternamente errante
de vendaval, a brisas o a suspiro,
bajo el mundo,
tan poderosamente subterránea
que parece temblor, calor de tierra,
sin cesar, en su angustia desolada,
vuela o se arrastra el ansia de ser cuerpo.
Todo quiere ser cuerpo.
Mariposa, montaña,
ensayos son alternativos
de forma corporal, a un mismo anhelo:
cumplirse en la materia,
evadidas por fin del desolado
sino de almas errantes.
Los espacios vacíos, el gran aire,
esperan siempre, por dejar de serlo,
bultos que los ocupen. Horizontes
vigilan avizores, en los mares,
barcos que desalojen,
con su gran tonelaje y con su música,
alguna parte del vacío inmenso
que el aire es fatalmente;
y las aves

tienen el aire lleno de memorias.
¡Afán, afán de cuerpo!
Querer vivir es anhelar la carne,
donde se vive y por la que se muere.
Se busca oscuramente sin saberlo
un cuerpo, un cuerpo, un cuerpo.

Nuestro primer hallazgo es el nacer.
Si se nace
con los ojos cerrados, y los puños
rabiosamente voluntarios, es
porque siempre se nace de quererlo.
El cuerpo ya está aquí; pero se ignora,
como al olor de rosa se le olvida
la rosa. Le llevamos
al lado nuestro, se le mira,
en los espejos, en las sombras.
Solamente costumbre. Un día,
la infatigable sed de ser corpóreo
en nosotros irrumpe,
lo mismo que la luz, necesitada
de posarse en materia para verse,
por el revés de sí, verse en su sombra.
Y como el cuerpo más cercano,
de todos los del mundo es este nuestro,
nos unimos con él, crédulos, fáciles,
ilusionados de que bastará
a nuestro afán de carne. Nuestro cuerpo
es el cuerpo primero en que vivimos,
y eso se llama juventud a veces.

Sí, es el primero y eran dieciséis
los años de la historia.
Agua fría en la piel,

zumo de mundo inédito en la boca,
locas carreras para nada, y luego,
el cansancio feliz. Tibios presagios,
sin rumbo el rostro corren,
disfrazados de ardores sin motivo.
Nos sospechamos nuestros labios, ya.
La primer soledad se siente en ellos.
¡Y qué asombrado es el reconocerse
en estas tentativas de presencia,
nosotros en nosotros, vagabundos
por el cuerpo soltero!
Alegremente fáciles,
se vive así en materia
que nada necesita, sino es ella,
igual que la inicial estrella de la noche,
tan suficientemente solitaria.
Así viven los seres
tiernamente llamados animales:
la gacela
está en bodas recientes con su cuerpo.

Pero luego supimos,
lo supimos tú y yo en el mismo día,
que un cuerpo que se busca
cuando se tiene ya y se está cansado
de su repetición y de su pulso,
solo se encuentra en otro.
¿Con qué buscar los cuerpos?
Con los ojos se buscan, penetrantes,
en la alta madrugada, ese paisaje
del invierno del día, tan nevado,
en el lecho se busca,
donde estoy solo, donde tú estarás.
La blancura vacía

se puebla de recuerdos no tenidos,
la recorren presagios sonrosados
de aquel rosado bulto que tú eras,
y brota, inmaterial masa de sueño,
tu inventada figura hasta que llegues.
Allí, en la oscura noche
cuando el silencio lo permite todo,
y parece la vida,
el oído en vela escucha
vaga respiración, suspiro en eco,
sospechas del estar un cuerpo al lado.
Porque un cuerpo –lo sabes y lo sé–
sólo está en su pareja.
Ya se encontró: con lentas claridades,
muy despacio.
¡Cómo desembocamos en el nuevo,
cuerpo con cuerpo igual que agua con agua,
corriendo juntos entre orillas
que se llaman los días más felices!
¡Cómo nos encontramos con el nuestro
allí en el otro, por querer huirlo!
Estaba allí esperándose, esperándonos:
un cuerpo es el destino de otro cuerpo.

Y ahora se le conoce, ya, clarísimo.
Después de tantas peregrinaciones,
por temblores, por nubes y por números,
estaba su verdad definitiva.
Traspasamos los límites antiguos.
La vida salta, al fin, sobre su carne,
por un gran soplo corporal henchidas
las nuevas velas:
atrás se cierra un mar y busca otro.
Encarnación final, y jubiloso

nacer, por fin, en dos, en la unidad
radiante de la vida, dos. Derrota
del solitario aquel nacer primero.
Arribo a nuestra carne trascorpórea,
al cuerpo, ya, del alma.
Y se quedan aquí tras el hallazgo
—milagroso final de besos lentos—,
rendidos nuestros bultos y estrechados,
sólo ya como prendas, como señas,
de que a dos seres les sirvió esta carne
—por eso está tan trémula de dicha—
para encontrar, al cabo, al otro lado,
su cuerpo, el del amor, último y cierto.
Ese
que inútilmente esperarán las tumbas.


## Despertar

SABEMOS, sí, que hay luz. Está aguardando
detrás de esa ventana
con sus trágicas garras diamantinas,
ansiosa
de clavarnos, de hundirnos, evidencias
en la carne, en los ojos, más allá.
La resistimos, obstinadamente,
en la prolongación, cuarto cerrado,
de la felicidad oscura
caliente, aún, en los cuerpos, de la noche.
Los besos son de noche, todavía:
y nuestros labios cavan en la aurora,
aun, un espacio el gran besar nocturno.

Sabemos, sí, que hay mundo.
Testigos vagos de él, romper de olas,
los ruidos, píos de aves, gritos rotos,
arañan escalándolo, lloviéndolo,
el gran silencio que nos reservamos,
isla habitada sólo por dos voces.
Del naufragio tristísimo, en el alba,
de aquel callar en donde se abolía
lo que no era nosotros en nosotros,
quedamos solos,
prendidos a los restos del silencio,
tú y yo, los escapados por milagro.

«¡Tardar!», grito del alma.
«¡Tardar, tardar!», nos grita el ser entero.
Nuestro anhelo es tardar.
Rechazando la luz, el ruido, el mundo,
semidespiertos, aquí, en la porfiada
penumbra, defendemos,
inmóviles,
trágicamente quietos,
imitando quietudes de alta noche,
nuestro derecho a no nacer aún.
Los dos tendidos, boca arriba,
el techo oscuro es nuestro cielo claro,
mientras no nos lo niegue ella: la luz.

El cuerpo, apenas visto, junto al cuerpo,
detrás del sueño, del amor, desnudos,
fingen
haber sido así siempre
vírgenes de las telas y del suelo,
creen
que no pisaron mundo.

Aquí en nuestra batalla silenciosa
–¡no, no abrir todavía, no, no abrir!–
contra la claridad, está latiendo
el ansia de soñar que no nacimos,
el afán de tardarnos en vivir.

Nuestros cuerpos se ignoran sus pasados;
horizontales, en el lecho, flotan
sobre virginidades y candor:
juego pueril en su abrazar.
Estamos
mientras la luz, el ruido,
no nos corrompan con su gran pecado,
tan inocentemente perezosos,
aquí en la orilla del nacer.
Y lo que ha sido ya, los años,
las memorias llamadas nuestra vida,
alzan vuelos ingrávidos, se van,
parecen sombras, dudas de existencia.
Cuando por fin nazcamos
abierta la ventana –¿quién, tú o yo?–
contemplaremos asombradamente
a lo que está detrás, incrédulos
de haber llamado nuestra vida a aquello,
nuestro dolor o amor. No.
La vida es la sorpresa en que nos suelta
como en un mar inmenso,
desnudos, inocentes,
esta noche, gran madre de nosotros:
vamos hacia el nacer.
Nuestro existir de antes
presagio era. ¿No le ves al borde
de su cumplirse, tembloroso, retrasando
desesperadamente, a abrazos,

la fatal caída en él?
Y al despedirnos –¡ya la luz, la luz!–
de lo gozado y lo sufrido atrás,
se nos revela trasparentemente
que el vivir hasta ahora ha sido sólo
trémulo presentirse jubiloso,
–antes aun de las almas y su séquito–
pura promesa prenatal.


## El dolor

No. Ya sé que le gustan
cuerpos recientes, jóvenes,
que le resisten bien
y no se rinden pronto.
Busca carnes rosadas,
dientes firmes, ardientes
ojos que aún no recuerdan.
Los quiere más. Así
su estrago
no se confundirá
con el quemar del tiempo,
arruinando los rostros
y los torsos derechos.
Su placer es abrir
la arruga en la piel fresca,
romper los puros vidrios
de los ojos intactos
con la lágrima cálida.
Doblar la derechura
de los cuerpos perfectos,
de modo que ya sea
más difícil mirar

al cielo desde ellos.
Sus días sin victoria
son esos en que quiebra
no más que cuerpos viejos,
en donde el tiempo ya
tiene matado mucho.
Su gran triunfo, su júbilo
tiene color de selva:
es la sorpresa, es
tronchar la plena flor,
las voces en la cima
del cántico, los altos
mediodías del alma.

Yo sé cómo le gustan
los ojos.
Son los que miran lejos
saltando por encima
de su cielo y su suelo,
y que buscan al fondo
tierno del horizonte
esa grieta del mundo
que hacen azul y tierra
al no poder juntarse
como Dios los mandó.
Esa grieta, por donde
caben todas las alas
que nos están batiendo
contra el muro del alma,
encerradas, frenéticas.

Yo sé cómo le gustan
los brazos. Largos, sólidos,
capaces de llevar

sin desmayo,
entre torrentes de años,
amores en lo alto,
sin que nunca se quiebren
los cristales sutiles
de distancia y ensueño
de que está hecha su ausencia.

Yo sé cómo le gustan
las bocas y los labios.
No los vírgenes, no,
de beso: los besados
largamente, hondamente.
Los muertos sin besar
no conocen el filo
de la separación.
El separarse es
dos bocas que se apartan
contra todo su sino
de estar besando siempre.
Y por eso las bocas
que ya besaron son
sus favoritas. Tienen
más vida que quitar:
la vida que confiere
a toda boca el don
de haber sido besada.

Yo sé cómo le gustan
las almas. Y por eso
cuando te tengo aquí
y te miro a los ojos,
y el alma allí te luce,
como un grano de arena

celeste, estrella pura,
con sino de atraer
más que todas las otras,
te cubro con mi vida,
y aquí en mi amor te escondo.

Para que no te vea.


## Destino alegre

POR eso existen manos largas, sólidas,
fuertes nudillos, y la palma, donde
descansan frentes y se esconden sinos.
Por eso existen pechos, y en el pecho
esa tabla del pecho dura y lisa,
proa del ser en el mar y la pena.
Por eso existen ojos,
azules, verdes, grises, zarcos, negros.
Sí. Ojos azules, ojos verdes, ojos grises,
ojos zarcos, ojos negros, ojos, existen,
sí, por eso.
Por eso existen
labios y dientes, tan cercanos, juntos
y sin posible confusión, seguros
los dos de lo que quieren: transvivirse
en beso o hueso,
en inmortalidad del incorpóreo
no querer morir nunca que es besarse,
ellos, los labios; y los dientes, ellos,
en la final materia, calavera
donde el labio pudrió y ellos aún luchan.
Por eso existe piel, y si se mira

se ve el gran laberinto donde sufre
por las venas, arriba, abajo, siempre,
la sangre, condenada
a retornar al mismo centro triste,
el corazón, entristecido
de verla allí volver, sin que ella pueda
darse a otro ser como ella y él querrían.
Por eso existen pies, sus plantas,
en donde el ser se finge su dominio
sobre los horizontes;
y las llevamos,
del prenatal oscuro paraíso,
al servicio sin tregua, doloroso,
de estar en pie. Cuando descansan ellas
es que nos parecemos a los muertos,
tendidos, al dormir.
Por eso existen pies y manos, labios,
ojos, pechos y sangre, sí, por eso.
Porque si no existieran ellos
¿qué iba a ser de vosotras,
arrebatadas fuerzas, vendavales
del mundo, por las almas,
errantes creadoras, destructoras
errantes,
madres de bien y mal,
malditas y benditas, hierro y pluma,
alba y desolación, duras hermanas,
que no pueden matarse y que se odian,
eternamente unidas:
tú, tú, felicidad, tú, tú, desgracia?

Si no existieran ellos, ellos, ellos,
los labios y los ojos y la sangre,
felicidad, desgracia no tendrían

donde saciar su sed de carne y vida.
Flotantes andarían, vagabundas,
como dos nubes
—tan feroz una y cándida la otra—,
condenadas al cielo,
a no ser nunca rayo, nunca lluvia,
a no sacar de sí flor o ceniza.
Hasta que su alta cólera sin presa
sobre el desnudo mundo se abatiera.
Troncharían los árboles,
abrirían los pechos a las rocas,
soltarían las aguas de los mares,
y el mundo, tan hermoso
para aquellos que fueron nuestros padres,
para nosotros, hijos suyos,
para los nuevos seres que engendremos,
el mundo sin oficio, puro, limpio,
tendría que asumir el gran deber
humano: ser feliz, quererlo ser,
o recibir desgracia.
Se rompería —es débil, inocente.
Porque el mundo no puede resistir
lo que resisten ellos, labios, ojos,
sangre, piel, pecho, alma.
Nosotros le salvamos, en nosotros,
al recibir, con los ojos cerrados,
la gran consagración llamada dicha
o su hermana fatal.
Y una boca que dice:
«Yo soy feliz, yo, yo»,
dos seres lado a lado,
por besarse, besándose, besados,
al mismo tiempo todo, o muertos ya,
son los que están, con labios y con ojos,

con pechos, con abrazos
sosteniendo gozosos
—librando de él al mundo,
que así puede seguir por siempre virgen—,
el sino inexorable
que es la felicidad. O su gran sombra.


## Verdad de dos

COMO él vivió de día, sólo un día,
no pudo ver más que la luz.
Se figuraba
que todo era de luz, de sol, de júbilo
seguro, que los pájaros
no pararían nunca de volar y que los síes
que las bocas decían
no tenían revés. La inexorable
declinación del sol hacia su muerte,
el alargarse de las sombras,
juego le parecieron inocente,
nunca presagio, triunfo lento, de lo oscuro.
Y aquel espacio de existir
medido por la luz,
del alba hasta el crepúsculo,
lo tomó por la vida.
Su sonrisa final le dijo al mundo
su confianza en que la vida era
la luz, el día,
la claridad en que existió.
Nunca vio las estrellas, ignorante
de aquellos corazones, tan sin número,
bajo el gran cielo azul que tiembla de ellos.

Ella, sí.
Nació al advenimiento de la noche,
de la primer tiniebla clara hija,
y en la noche vivió.
No sufrió los colores
ni el implacable frío de la luz.
Abrigada
en una vasta oscuridad caliente,
su alma no supo nunca
que era lo oscuro, por vivir en ello.
Virgen murió de concebir las formas
exactas, las distancias, esas desigualdades
entre rectas y curvas, sangre y nieve,
tan imposibles, por fortuna, en esa
absoluta justicia de la noche.
Y ella vio las estrellas que él no vio.

   Por eso
tú y yo, compadecidos
de sus felicidades solitarias,
los hemos levantado
de su descanso y su vivir a medias.
Y viven en nosotros, ahora, heridos ya,
él por la sombra y ella por la luz;
y conocen la sangre y las angustias
que el alba abre en la noche y el crepúsculo
en el pecho del día, y el dolor
de no tener la luz que no se tiene
y el gozo de esperar la que vendrá.
Tú, la engañada
de claridad y yo de oscuridades,
cuando andábamos solos,
nos hemos entregado, al entregarnos
error y error, la trágica verdad

llamada mundo, tierra, amor, destino.
Y su rostro fatal se ve del todo
por lo que yo te he dado y tú me diste.
Al nacer nuestro amor se nos nació
su otro lado terrible, necesario,
la luz, la oscuridad.
Vamos hacia él los dos. Nunca más solos.
Mundo, verdad de dos, fruto de dos,
verdad paradisíaca, agraz manzana,
sólo ganada en su sabor total
cuando terminan las virginidades
del día solo y de la noche sola.
Cuando arrojados
en el pecado que es vivir
enamorados de vivir, amándose,
hay que luchar la lucha que les cumple
a los que pierden paraísos claros
o tenebrosos paraísos,
para hallar otro edén donde se cruzan
luces y sombras juntos y la boca
al encontrar el beso encuentra al fin
esa terrible redondez del mundo.

## Fin del mundo

   ¿No sientes
qué alarmado está el mundo, su temblor?
Tiene miedo.
Sospecha de nosotros. Siente, sabe,
que hay dos seres que quieren
esta noche buscarse su salida,
que han decidido ya
romper el viejo hechizo que se llama
vivir en este mundo, romperle a él.

Nos espía. Sus luces
nos miran a los ojos, preguntando.
Aceleradamente aumenta
sus encantos la noche, moviliza
brisas tiernas, se cubre
las parameras con vergeles súbitos,
dibuja diestramente
arabescos celestes con luceros,
se prostituye de belleza fácil.
Abre caminos, pone en sus finales
embarcaderos, alas, se disfraza
tanto y tanto, que seres menos fuertes,
menos seguros de su gran poder
que nosotros, acaso
se dejaran llevar por las tramoyas
sutiles de esta hora
en que este mundo no parece él,
parece casi el que queremos.
Y su alma fría asume
sonrisa pasajera, sirte,
donde tantos han muerto de su engaño.
Pero nosotros,
tú y yo, esta noche
tenemos en las manos la explosiva
fuerza liberadora. Esa evidencia
que llaman realidad,
las vastas moles materiales
—casas— y las órdenes
rectilíneas —calles—
donde los hombres andan y se duermen
creyéndose que así lo quieren,
que las han hecho ellos
conforme a su deseo,
no nos retendrá más. Aunque alinee

conocidos ejércitos,
hogares, nombres de calles, números,
eléctricos luceros,
sabemos ya muy bien
que no hay otras moradas sino aquellas
que en la sangre encontramos, invisibles,
y que el solo camino
es ese que hay que abrirse
con el alma y las manos,
espadas de aire, frente a pechos de aire.
No cederemos, no. Ya perdonamos
las argucias del mundo muchos años.
¿Te acuerdas? Las llamábamos delicias,
baños en agua clara, color, juegos,
trajes o desnudez, dientes mordiendo,
y a la noche,
la acostumbrada luz de luna:
y prendidos en ellas sonreíamos
como si fueran criaturas nuestras.
Ahora nos hemos dado la verdad.
Desesperadamente el mundo intenta
todavía esta noche resistirnos,
que vivamos, vivir, como ha vivido.
Pero
en nuestras manos impacientes tiembla
la gran liberación, felicidad,
felicidad hallada allí en el seno
del mundo, donde él
oculta la tenía, temeroso
de su ansia nueva, que no quiere
esas formas cansadas de este mundo,
y le rompe y se busca un orbe nuevo.
Ya la hemos encontrado:
terremoto, huracán, felicidad,

devastación, arrolladora fuerza.
Ven a mis brazos, suelta
esa felicidad desmelenada.
Que cumpla su misión de fuego puro,
de destrucción del mundo, mientras tú
y yo nos abrazamos sin movernos,
si no es lo indispensable para ser
felices. Y mañana
al despertar, la vida
estará rasa, virgen,
rasa la luz, el gran silencio raso.
Con sólo un monosílabo: «sí»,
temblar haremos
el tímpano del mundo, voz primera.
Ruinas de historia, nombres y columnas,
ecos del mar antiguo, quedarán
en nuestro día, igual que en las arenas
de la playa perviven
vestigios de un gran barco naufragado.
Sueños del orbe aquel que se creía
eternamente duradero
sin saber que dos seres que lo buscan
y pagan el hallazgo en la moneda,
tan fácil, de la vida, encuentran siempre
el otro mundo que éste nos rehúsa.


## Suicidio hacia arriba

FLOTANTES, boca arriba,
en alta mar, los dos.
En el gran horizonte solo, nadie,
nadie que mire al cielo,
nadie

a quien pueda él mirar,
sino estos cuatro ojos únicos,
cuatro, por donde al mundo
le llega el necesario
don de ser contemplado.
Fuera de los caminos de los barcos,
felices escapados del auxilio,
que sería un error contra nosotros.
Por voluntad allí desnudos. Los dos.
Con esas marcas leves
secretamente conocidas,
cicatriz, señal, mancha rosada, lunar,
misterioso bautizo
de nuestra carne
que sólo el ser amado encuentra, atónito,
siempre en su sitio, en el amor o el odio,
junto al seno,
o entre la cabellera, ocultas.
Y no más nombres ya, no más maneras
de conocernos que esas señas leves,
de la carne en la carne.
Y vagamente otras
marcas también secretas
en el rastro de alma que aún nos queda.
Los nombres se borraron
ante una luz mayor, como luceros,
en el borde del alba.
Al aire ya.
Y para no volver bajo los techos
y no ver nunca más las grietas,
terribles, que nos duelen,
al despertarnos juntos,
tornando al mundo, y la primera cosa,
es una grieta atroz, sin alma, arriba.

Hay que decir, y que lo sepan bien
los que viven aún bajo techado,
donde telas de araña se entretejen
para cazar, para agostar los sueños,
donde hay rincones
en que línea y línea se cortan
y sacrifican en fatales ángulos
su sed de infinitud,
que nosotros estamos
contentos, sí, contentos
del cielo alto, de sus variaciones,
de sus colores que prometen todo
lo que se necesita
para vivir por ello y no tenerlo.

Sin andar, ya,
despedidas las plantas de los pies,
del más triste contacto de la vida,
del suelo y sus caminos:
se acabaron los pasos y los bailes.
Viven en la alegría fabulosa
de saber que la tierra ya no vuelve,
que ya no marcharán. Están al aire;
el aire, el sol les dan triunfales signos
de libertad. Se apoyan en el agua,
sin guijarros, sin cuestas, son ya libres.

Sin ver ya nada hecho por el hombre.
Ni las telas sutiles, las sedas,
con que disimulabas tu verdad,
cuando errábamos torpes
por la ilusión sencilla de la vida.
Ni las redondas formas de cristal,
donde se maduraban, por el día,

frutos de luz, abiertos al crepúsculo,
colgando de las lámparas.
Ni las cerillas, ni las tiernas máquinas
–relojes–
donde el tiempo, entre ruedas de tormento,
perdía su bravura,
y se iba desangrando
minuto por minuto, gota a gota,
contándonos
todas las dimensiones de la cárcel.
Nada. Todo lo que hizo el hombre,
suprimido.
Y ausentes ya las pruebas de otros seres,
sus obras,
sin señas de que nadie exista,
sin la demostración desconsolada
que es tener en las manos
monedas de oro o un retrato,
no hay nada que nos pruebe
que hubo antes otros, que otros todavía
son nuestros padres, nuestros hijos, vínculos.
Podremos ya creernos
los dos primeros, últimos, sin nadie.
Ser los que abren al mundo
su puerta virgen y lo estrenan todo,
y si oyen otra voz, sólo es su eco,
y si ven una huella,
ponen la planta encima, y es la suya.
Ir tomando
–porque no hay duda ya de que nosotros,
somos los dos llamados–
posesión lenta, al fin, del paraíso.
Hundirse muy despacio,
con la satisfacción clara, en el rostro,

del último color, gris, negro, rosa,
que se queda en lo alto.
El paraíso está debajo
de todo lo supuesto, lo sabemos.
Lo supuesto es la vida y es el mar.
Y por eso desnudos, voluntarios,
lo vamos a buscar,
sumergiéndonos,
suicidas alegres hacia arriba,
en el final acierto,
de nuestra creación, que es nuestra muerte.


## La felicidad inminente

MIEDO, temblor en mí, en mi cuerpo:
temblor como de árbol cuando el aire
viene de abajo y entra en él por las raíces,
y no mueve las hojas, ni se le ve.
Terror terrible, inmóvil.
Es la felicidad. Está ya cerca.
Pegando el oído al cielo se la oiría
en su gran marcha subceleste, hollando nubes.
Ella, la desmedida, remotísima,
se acerca aceleradamente,
a una velocidad de luz de estrella,
y tarda
todavía en llegar porque procede
de más allá de las constelaciones.
Ella, tan vaga e indecisa antes,
tiene escogido cuerpo, sitio y hora.
Me ha dicho: «Voy». Soy ya su destinada presa.
Suyo me siento antes de su llegada,
como el blanco se siente de la flecha,

apenas deja el arco, por el aire.
No queda el esperarla
indiferentemente, distraído,
con los ojos cerrados y jugando
a adivinar, entre los puntos cardinales,
cuál la prohijará. Siempre se tiene
que esperar a la dicha con los ojos
terriblemente abiertos:
insomnio ya sin fin si no llegara.
Por esa puerta por la que entran todos
franqueará su paso lo imposible,
vestida de un ser más que entre en mi cuarto.
En esta luz y no en luces soñadas,
en esta misma luz en donde ahora
se exalta en blanco el hueco de su ausencia,
ha de lucir su forma decisiva.
Dejará de llamarse
felicidad, nombre sin dueño. Apenas
llegue se inclinará sobre mi oído
y me dirá: «Me llamo...».
La llamaré así, siempre, aún no sé cómo,
y nunca más felicidad.

   Me estremece
un gran temblor de víspera y de alba,
porque viene derecha, toda, a mí.
Su gran tumulto y desatada prisa
este pecho eligió para romperse en él,
igual que escoge cada mar
su playa o su cantil donde quebrarse.
Soy yo, no hay duda; el peso incalculable
que alas leves transportan y se llama
felicidad, en todos los idiomas
y en el trino del pájaro,

sobre mí caerá todo,
como la luz del día entera cae
sobre los dos primeros ojos que la miran.
Escogido estoy ya para la hazaña
del gran gozo del mundo:
de soportar la dicha, de entregarle
todo lo que ella pide, carne, vida,
muerte, resurrección, rosa, mordisco;
de acostumbrarme a su caricia indómita,
a su rostro tan duro, a sus cabellos
desmelenados,
a la quemante lumbre, beso, abrazo,
entrega destructora de su cuerpo.
Lo fácil en el alma es lo que tiembla
al sentirla venir. Para que llegue
hay que irse separando, uno por uno,
de costumbres, caprichos,
hasta quedarnos
vacantes, sueltos,
al vacar primitivo del ser recién nacidos,
para ella.
Quedarse bien desnudos,
tensas las fuerzas vírgenes
dormidas en el ser, nunca empleadas,
que ella, la dicha, sólo en el anuncio
de su ardiente inminencia galopante,
convoca y pone en pie.

Porque viene a luchar su lucha en mí.
Veo su doble rostro,
su doble ser partido, como el nuestro,
las dos mitades fieras, enfrentadas.
En mi temblor se siente su temblor,
su gran dolor de la unidad que sueña,

imposible unidad, la que buscamos,
ella en mí, en ella yo. Porque la dicha
quiere también su dicha.
Desgarrada, en dos, llega con el miedo
de su virginidad inconquistable,
anhelante de verse conquistada.
Me necesita para ser dichosa,
lo mismo que a ella yo.
Lucha entre darse y no, partida alma;
su lidiar
lo sufrimos nosotros al tenerla.
Viene toda de amiga
porque soy necesario a su gran ansia
de ser
algo más que la idea de su vida;
como la rosa, vagabunda rosa
necesita posarse en un rosal,
y hacerle así feliz, al florecerse.
Pero a su lado, inseparable doble,
una diosa humillada se retuerce,
toda enemiga de la carne esa
en que viene a buscar mortal apoyo.
Lucha consigo.
Los elegidos para ser felices
somos tan sólo carne
donde la dicha libra su combate.
Quiere quedarse e irse, se desgarra,
por sus heridas nuestra sangre brota,
ella, inmortal, se muere en nuestras vidas,
y somos los cadáveres que deja.
Viva, ser viva, en algo humano quiere,
encarnarse, entregada, pero al fondo
su indomable altivez de diosa pura
en el último don niega la entrega,

si no es por un minuto, fugacísima.
En un minuto sólo, pacto,
se la siente total y dicha nuestra.
Rendida en nuestro cuerpo,
ese diamante lúcido y soltero,
que en los ojos le brilla,
rodará rostro abajo, tibio par,
mientras la boca dice: «Tenme».
Y ella, divino ser, logra su dicha
sólo cuando nosotros la logramos
en la tierra, prestándole
los labios que no tiene. Así se calma
un instante su furia. Y ser felices
es el hacernos campo de sus paces.

# Índice de primeros versos